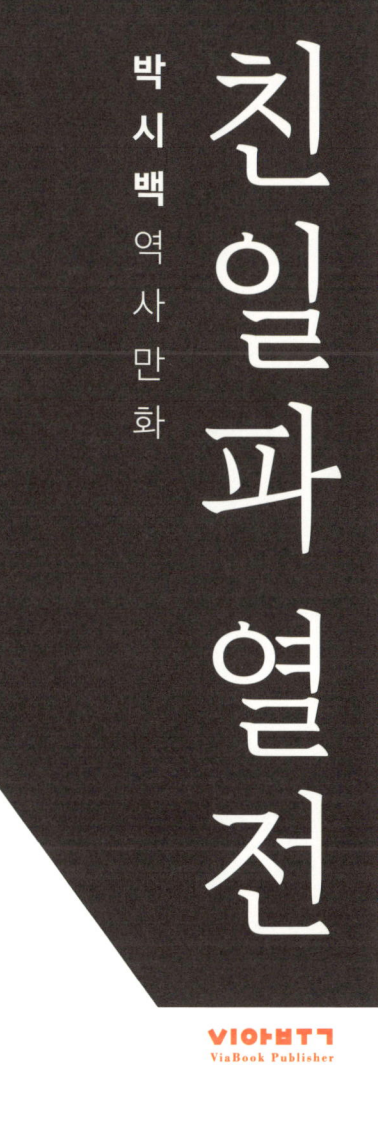

친일파 열전

박시백 역사만화

김활란 나웅
남인수 노덕술 노수현 노천명 모
윤숙 문명기 문예봉 민규식 민대식 민영기 민영린 민
영휘 민원식 민형식 박부양 박상준 박석윤 박시춘 박영철 박영효 박
영희 박정희 박제순 박중양 박춘금 박흥식 반야월 방응모 배상명 배정자 백낙
백년설 백선엽 백철 서정주 서춘 선우순 손목인 손영목 송금선 송병준 송석하 송종헌
신응균 신태영 신현준 안익태 양주삼 엄인섭 유승렬 유재흥 유진오 유치진 윤덕영 윤상
윤택영 이각종 이경식 이광수 이규원 이근택 이명세 이무영 이범익 이병무 이봉룡 이상범
이상재 이완영 이완용 이용구 이재호 이종욱 이종찬 이주일 이지용 이진호 이하영 이항구 이
해승 임숙재 임학수 장덕수 장세주 장세정 장우성 정광조 정비석 정인과 정일권 정춘수 조명암 조민희
조택원 주요한 채만식 최남선 최린 최명하 최석현 최승희 최창학 한상룡 현상윤 홍사익 홍순봉 홍준
황철 갈홍기 고영희 고황경 구본웅 권상로 권중현 권혁주 김경승 김기진 김기창 김대우 김동인 김동
환 복수 김사철 김석기 김석범 김석원 김성수 김성태 김연수 김은호 김응조 김인승 김준영 김창룡 김창
송 김활란 나웅 남인수 노덕술 노수현 노천명 모윤숙 문명기 문예봉 민규식 민대식 민영기 민영린 민
부양 박상준 박석윤 박시춘 박영철 박영효 박영희 박정희 박제순 박중양 박춘금 박흥식 반야월 방응모
백년설 백선엽 백철 서정주 서춘 선우순 손목인 손영목 송금선 송병준 송석하 송종헌 신봉조 신응균 신
주삼 엄인섭 유승렬 유재흥 유진오 유치진 윤덕영 윤상필 윤치호 윤택영 이각종 이경식 이광수 이규원
이범익 이병무 이봉룡 이상범 이상협 이성근 이성재 이완영 이완용 이용구 이재호 이종욱 이종찬 이주일
이항구 이해승 임선준 임숙재 임학수 장덕수 장세주 장세정 장우성 정광조 정비석 정인과 정일권 정춘
상 조중응 조택원 주요한 채만식 최남선 최린 최명하 최석현 최승희 최창학 한상룡 현상윤 홍사익 홍
승종룡 황철 갈홍기 고영희 고황경 구본웅 권상로 권중현 권혁주 김경승 김기진 김기창 김대우 김동인
일 김복수 김사철 김석기 김석범 김석원 김성수 김성태 김연수 김은호 김응조 김인승 김준영 김창룡
진 김해송 김활란 나웅 남인수 노덕술 노수현 노천명 모윤숙 문명기 문예봉 민규식 민대식 민영기
원식 민형식 박부양 박상준 박석윤 박시춘 박영철 박영효 박영희 박정희 박제순 박중양 박춘금
방응모 배상명 배정자 백낙준 백년설 백선엽 백철 서정주 서춘 선우순 손목인 손영목 송금선
하 송종헌 신봉조 신응균 신태영 신현준 안익태 양주삼 엄인섭 유승렬 유재흥 유진오 유치진
상필 윤치호 윤택영 이각종 이경식 이광수 이규원 이근택 이명세 이무영 이범익 이병무
용 이상범 이상협 이성근 이성재 이완영 이완용 이용구 이재호 이종욱 이종찬 이주일
지용 이진호 이하영 이항구 이해승 임선준 임숙재 임학수 장덕수 장세주 장세정
장우성 정광조 정비석 정인과 정일권 정춘수 조명암 조
조택원 주요한 채만식 최남선 최린 최명하 최석
학 한상룡 현상윤 홍사익 홍순봉 홍준
덕 황종률 황철

ViaBook Publisher

작가의 말

피해 당사자가 빠진 '위안부' 합의와 이에 대한 우리 정부의 사실상의 파기, 강제 징용 피해자에 대해 일본 기업이 배상할 것을 명한 2018년 우리 대법원의 판결, 그리고 이어진 일본 정부의 수출 규제 조치와 우리 정부 및 민간의 단호한 대응, 그 밖의 여러 외교적 충돌들…. 근래의 한일 관계는 어느 때보다도 긴장된 모습이다. 신기한 것은 이런 일련의 사안을 마주할 때 나타나는 우리 내부의 반응이다. 우리의 잘못을 지적하고 일본 측 입장에 동조하는 듯한 태도를 보이는 이들이 많다. 다양한 의견이 공존하는 사회인 만큼 그럴 수도 있겠거니 싶다가도, 주류 매체들까지 은연중에 같은 입장을 내보이는 것을 보면 의아하다는 생각이 든다.

한편 일본은 혐한 코드가 가장 잘 팔리는 문화 상품이 되어 대형 서점의 한복판을 차지하고 각종 TV 프로그램의 시사 코너와 토크쇼 들을 통해 확산되는 형편이다. '한국은 끝없이 거짓말을 하고 떼쓰기만 하는 믿지 못할 상대'라는 식의 선동이 넘쳐나고 한국 비판으로 민심이 단결한다. 그리하여 대다수의 일본인과 상당수의 한국인이 한목소리로 우리 측 주장을 지탄하는 장면이 연출된다.

가해자가 피해자에게 분개하고 피해자가 가해자의 분개에 동조하는 듯이 보이는 이 기묘한 장면을 보다 보면 다시금 친일 청산 문제로 눈길이 간다. 해방이 된 후에도 친일파는 청산이 되지 못했을 뿐 아니라 도리어 우리 사회의 주류로 자리 잡았다. 이런 역사를 빼놓고서 지금의 상황을 이해할 수 있을까? 그렇다. 친일파는 여전히 건재하다. 일제강점기 시절 침략자에 붙어 민족을 배반했고 해방 후에도 주류가 되어 떵떵거렸던 당사자들은 이제 생물학적 수명을 다해 사라지고 없지만 그들의 혈연적, 사상적 후예들은 여전히 우리 사회의 한 축을 형성하고 있다. 오늘날 우리는 아시아에서 가장 발전한 민주주의 체제를 구축했고 개발도상국 사상 처음으로 선진국에 진입했으며 세계 문화를 선도하는 나라로 자리 잡아가고 있다. 그러나 친일파 후예들의 의식 저변엔 여전히 식민주의가 자리하고 있지 않은가.

민족문제연구소 측에서 친일파 열전을 제안했을 때 이미 다른 일을 시작한 형편인데도 선뜻 동의했던 건 위와 같은 문제의식 때문이었다. 친일 청산은 여전히 시대적 과제다. 각 분야의 친일파들을 널리 알려 그들이 우리 현대사에 자리하고 있는 터무니없는 위상을 바로잡는 것이 친일 청산의 가장 중요한 부분이라 생각했다. 여기에 더해, 필자가 그린 7권의 《35년》 가운데 친일파들을 소개한 부분이 적지 않아 이를 잘 편집하면 어렵지 않겠단 생각도 작용했다. 필자로서야 《35년》이 모두 읽히는 것이 가장 좋겠지만 그중에서 친일파들 이야기만 따로 모아서 쉽게 접근할 수 있게 한다면 그건 그대로 의미 있겠다고 보았다.

이 책의 구성에 대해 잠깐 설명을 하자면, 우선 서두에 친일파의 역사를 배치했다. 강화도조약부터 해방 직후까지 친일파들의 형성과 활동에 대한 역사를 간략히 다룸으로써 뒤에 나오는 친일파들을 시대의 흐름에 따라 이해할 수 있도록 했다. 제2장과 제3장에서는 시기별, 부문별 대표적인 친일파들을 소개했다. 그 대부분은 《35년》에 그린 그림의 복사, 붙여넣기라 해도 과언이 아니다. 더러 좀 더 보충하거나 해방 후의 행보를 부연 설명한 정도라 하겠다. 너무 쉽게 한 작업이 아니냐는 질타를 예상하면서도 친일파들의 행보를 더 많이 알게 하는 데 도움이 되기를 바라는 마음에서 비판을 무릅쓰기로 했다.

위에도 언급한 것처럼 이 책은 민족문제연구소의 제안으로 시작되었다. 그리고 연구소는 인물 선정을 함께하고 필요한 자료를 제공함은 물론 꼼꼼한 교정으로 필자가 범할 뻔했던 오류를 많이 바로잡아주었고 부록에 실린 친일인물약력 작업도 맡아주었다. 그리고 《35년》 작업에 함께 했던 역사 선생님들이 이번에도 교정 작업을 함께 해주었다. 깊이 감사드린다.

2021년 8월
박시백

기획의 말

《박시백의 조선왕조실록》과 《35년》을 펴낸 박시백 화백은 역사교사들이 선정한 '가장 좋아하는 만화가'입니다. 재미뿐 아니라 올바른 역사 인식이 무엇인지를 독자들에게 쉽게 전달하려 했다는 점에서 역사교사들의 호평을 받았다고 생각합니다.

특히 《35년》은 항일투쟁의 역사가 민주공화국을 탄생시킨 원동력이었음을 설득력 있게 제시한 작품입니다. 여성 독립운동가에서부터 밀정에 이르기까지 무려 1,000여 명의 인물이 등장하는 대서사를 담아냈고, 역사 만화에서는 접근하기가 힘들었던 다양한 친일파 군상의 진면목을 여과 없이 다루었습니다.

독자와 평단 모두에게 작품성을 인정받은 《35년》은 2020년 제14회 임종국상(문화부문) 수상작으로 전혀 손색이 없었습니다. 박 화백은 수상 소감에서 《35년》의 작업 과정에서 가장 많이 활용한 책이 바로 《친일인명사전》이라고 말했습니다. 《35년》은 《친일인명사전》과 떼어놓을 수 없는 작품입니다. 민족문제연구소가 창립 30주년 기념으로 박 화백에게 친일파의 탄생과 역사를 새로 구성한 역사 만화책 출간을 제안한 것은 바로 이 때문이었습니다.

1991년 민족문제연구소 창립과 더불어 임종국 선생의 유고를 모은 《실록 친일파》가 출간된 지 30년 만에 만화로 《친일파 열전》을 선보이게 되었습니다. 《친일파 열전》은 《친일인명사전》에 수록된 인물 중 약 150여 명의 대표적 친일파를 작가 특유의 재치와 간결함으로 잘 담아낸 작품입니다.

"친일파들은 열심히 살았던 사람들이고, 독립운동가들은 대충 살았던 사람들 아니었을까"라는 극우 인사의 망언에 분노했다면 반드시 《친일파 열전》을 읽으시기를, 그리고 주변에 널리 알려주시기를 권유합니다.

민족문제연구소 이사장
함세웅

작가의 말	2
기획의 말	4
제1장 **친일의 역사**	6
제2장 **우리는 황국신민이다**	66
제3장 **학도여, 성전에 나서라**	132
특별부록 **친일인물약력**	268

제1장

친일의 역사

송병준·이완용,
헤이그에 특사 파견한
고종에게
"퇴위로 사죄하라"

1907년 7월

"동의 또 동의"

감격적인 합병…
데라우치 총독과
이완용 총리대신이
양국을 대표하여 승인하다

1910년 8월 22일

천황 폐하의 도시 도쿄를 방문한 조선귀족 일본 관광단
《병합기념조선사진첩》
1910년 11월 3일

**이토
히로부미
공을
암살한
흉행자**
兇行者
안중근

1909년 10월 26일

"3·1운동은 불순 세력에 의한 난동"
이완용 백작 엄중 경고

〈매일신보〉 1919년 4월 5일 자

박중양

"불령한 소요…
경거망동 자제해야"

3·1자제단 결성

1919년 4월 6일

경성의 명소로 우뚝 선
조선총독부 신청사, 찬란하여라

1920년 7월 10일

윤치호

학병을 보내는 명사의 말
"장하다, 그대들 용단,
오직 순충봉공에
몸을 바치라"

〈매일신보〉 1943년 11월 22일 자

이승만 대통령,
'친일파 처단에 대하여' 담화 발표

"지금은 친일파 처리 문제로
민심을 이산시킬 때가 아니다"

1948년 9월 3일

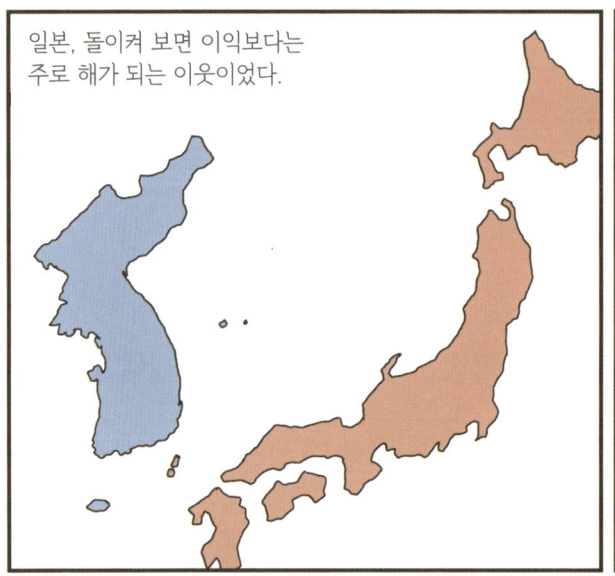

16세기 들어 일본은 삼포왜란, 사량진왜변, 을묘왜변 등의 말썽을 피웠고

마침내 임진왜란에서 정유재란에 이르는 7년에 걸친 침략 전쟁을 일으켜 조선을 멸망 직전까지 몰고 갔다.

전쟁 기간 수많은 백성이 학살되었고, 전쟁 후엔 국토가 황폐화되어 또 얼마나 많은 사람이 기근과 전염병으로 죽어 나갔던가.

이런 역사적 경험을 통해 민중들 속에는 반일 의식이 깊이 뿌리를 내렸고

이는 일본과 밀접하게 대면하게 된 강화도조약 이후 역사의 고비마다 분출되곤 했다.

250년을 이어져온 도쿠가와 막부는 페리 제독이 이끄는 함대의 압력에 굴복해 1854년 개항을 한다.

이후 막부에 반대하는 사무라이들이 존왕의 기치 아래 세를 모으더니

마침내 천황을 권력의 주체로 옹립하고 도쿠가와 막부를 무너뜨렸다.

이들은 메이지유신을 통해 급격한 근대화 개혁을 추진했다.

1869 판적봉환 시행
1870 해군은 영국식, 육군은 프랑스식으로 병제 통일
1871 문부성 설치, 우편제도 실시, 폐번치현으로 중앙집권화 진행
1872 사범학교 창설, 첫 철도 개통, 태양력 채택
1873 국민개병제에 기초한 징병령 공포, 근대은행 설립
1874 타이완 침략

그리고 자신이 당했던 방식대로 이른바 운요호사건을 일으켰다.

"측량 등을 한다며 접근해 공격을 유도한 다음 대 반격!"

꽝 꽈꽝

국기를 보고도 조선이 먼저 공격했다며 조선 정부의 사과를 요구하더니 이를 빌미로 1876년 강화도조약을 체결한다. 조선으로선 불평등조약이었고 강제 개항이었다.

"부산 외 항구 2곳 개항, 일본 측의 조선해안 측량, 각국 인민의 재판은 본국에서."

개항 이전까지 조선은 흥선대원군의 주도하에 쇄국 정책을 이어오고 있었는데,

조선도 개화로 나아가야 한다고 생각해온 이들이 있었다.

제너럴셔먼호사건의 영웅 박규수를 중심으로,

역관 오경석 등과 양반가의 자제들이었다. 이들은 박규수의 사랑방에 모여 세계에 대한 정보를 교환하곤 했다.

개항 이후 김옥균, 홍영식, 박영교, 박영효, 유길준, 서광범 등은 개화당을 만들어 하나의 정치적 흐름을 형성한다.

"조선도 빨리 개화의 길로 가야!"

수신사, 보빙사 등의 이름으로 일본이나 미국을 둘러본 그들의 신념은 더욱 강해졌다.

"이게 정녕 일본이란 말인가!" "개화만이 살길!"

을사조약 체결 후 이토 히로부미 특파대사 일행이 한국에 체류하는 일본의 군인, 외교관원 들과 찍은 기념사진.
장소는 하세가와 요시미치 한국주차군사령관의 관저인 대관정(大觀亭, 대한제국의 영빈관이었다),
사진을 찍은 날은 이토가 임무를 완료하고 한국을 떠나기 전날인 1905년 11월 28일이었다.
사진의 첫줄 가운데(왼쪽에서 다섯 번째) 지팡이를 짚고 있는 사람이 이토 히로부미,
그의 오른쪽에 앉아 있는 사람이 을사조약 체결에 큰 공로를 세웠던 하야시 곤스케 주한 일본공사,
이토의 왼쪽에 앉아 있는 사람이 을사조약 체결 당시 무력시위를 벌였던 하세가와 요시미치 한국주차군사령관이다.

을사오적

이완용　　　박제순　　　권중현　　　이지용　　　이근택

나라의 멸망이 가까운 미래의 일로 분명해지면서 개화-자강운동을 이어온 세력들의 분화가 뚜렷해졌다.

독립전쟁을 준비하기 위해 망명을 택하는 이들이 있는 반면에

현실론을 앞세워 주저앉아버린 이들도 많았다.

"러시아까지 물리친 일본을 상대로 독립전쟁? 말이 되는 소리야?"

"우리가 어찌 한다고 달라질 세상이 아니라고."

보다 '현실적'인 이들은 적극적 친일의 길로 나섰다.

"어차피 일본에 의한 병합을 피할 수 없다면 앞장서는 편이!"

일진회는 합방 성명서를 작성해 발표하고 각계에 보냈다.

내각의 수장 이완용 등도 합방에 주도적 역할을 하기 위해 경쟁적으로 나섰다.

"합방 논의는 무식한 저 친구들 말고 저랑 하시죠."

병합안을 가지고 새 통감 데라우치 마사타케가 왔다.

"논의는 무슨ㅋ"

강점 직후인 1910년 11월 도쿄를 방문한 조선귀족 부부 관광단의 모습

후작의 작위를 받은 6명은 순종의 장인 윤택영, 철종의 부마이자 갑신정변의 주역 박영효, 왕족인 이재완, 이재극, 이해승, 이해창이다.

백작 작위를 받은 3인은 을사오적 이완용과 이지용, 그리고 민씨 척족 민영린이다.

그 밖에 자작, 남작 들의 면면을 보면 황실의 관계자들,

"종친들과"
"태황제와 황제 폐하의 황후 쪽 사람들인 민씨들, 윤씨들, 그리고 부마들…"

병합 과정을 비롯해 일본에 적극 협력한 자들이 망라됐다.

"을사오적 정미칠적, 경술국적 등."

이후 총독부 통치를 위해 포섭할 필요가 있는 이들도 선정되었는데

"이 친구는 쓸모가 있겠어."

부작용도 있었다. 김석진, 한규설, 유길준 등 8인은 작위를 반납했고

김사준은 독립운동을 하여 작위를 박탈당했다.

나머지는 거의가 작위를 세습하며 친일파로 살았다.

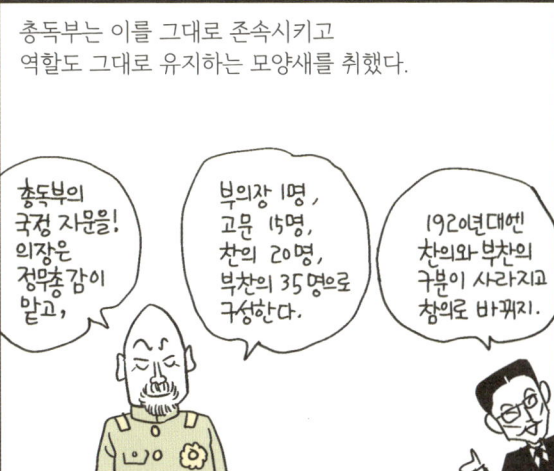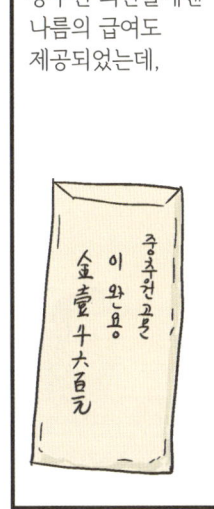

은사금을 받는 유생들

한국을 강제 병합한 직후, 일제는 황족과 친일파들이 아닌 사람들에게도 광범위하게 은사금을 살포했다.
식민통치를 원활히 하기 위해 돈으로 조선인들을 회유하고자 한 것이다.
이 계획에 따라 은사금을 받은 이들은 전국에 걸쳐 양반·유생 12,115명, 효자·절부(節婦) 3,209명,
홀아비·과부·고아·독거노인 70,902명 등 86,226명에 달했다.
이들에게 지급된 은사금 총액은 535,900원이었는데, 어림잡아도 현재 가치로 100억이 넘는 돈이다.
그런데 당시 은사금을 받는 장면이 고스란히 담긴 사진이 한 장 남아 있다.
일장기를 내건 삼척수비대 앞에 삼척의 양반·유생들이 양쪽으로 도열해 있는 가운데
한 유생이 은사금을 받고 있는 사진이다.
1911년 12월 6일 자 〈매일신보〉에는 이날 은사금을 받은 양반·유생들이 천황의 은혜에 감읍한 나머지
그 공덕을 길이 기리고자 관동 팔경으로 유명한 삼척 죽서루 옆에
'천장지구(天長地久)'라고 새긴 비석을 세웠다는 내용이 나온다.
천장지구란 하늘과 땅처럼 영원함을 의미하는 말인데,
일본 천황의 장수를 기원한 것이든, 일제 식민통치의 영원함을 기원한 것이든,
양반·유생이라는 자들이 돈 몇 푼에 이런 모습을 보였다는 것 자체가 부끄러운 일이 아닐 수 없다.

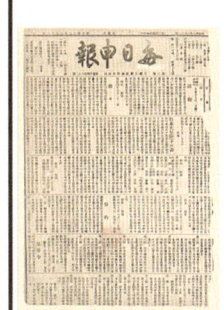

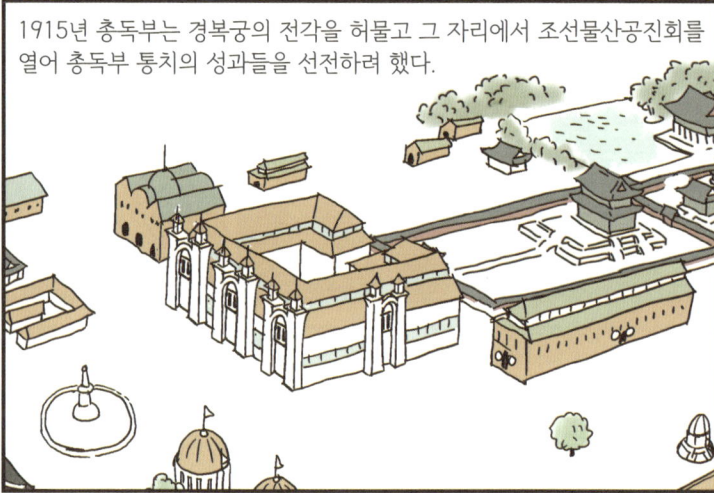

예기치 못한 민중의 진출에 당혹한 일본과 총독부는 총칼을 동원한 강경 진압으로 나왔다.

친일파들은 신문에 반대 의견을 기고하거나

자성회, 자제단 등을 만들어 조직적으로 방해 활동을 벌이며 비난과 공격에 앞장섰다.

무자비한 폭압에도 굴하지 않고 만세 함성은 전국 구석구석으로 퍼져 나갔다.

만세운동은 국가의 적이나 하는 짓!

1919년 4월 초 만세의 함성이 최고조에 달하자 일제는 지방행정 조직과 경찰을 동원해
전국에 조선인의 '자위' 조직 '자제단(自制團)'을 만들게 했다.
'자위'를 명분으로 했지만, 실제는 조선인에 대한 감시와 회유가 목적이었다.
군중과 만세운동의 주도자를 분리하고, 지방 관리들의 만세운동 참여를 방지해 만세운동의 확산을 막고자 했다.
지역에 따라 자위단, 자성단으로 불렸다.
4월 6일 대구를 시작으로 8월까지 138군이 넘는 지역에서 조직되었다.
대구자제단은 도지사, 중추원 부의장 등을 역임한 박중양이 조직을 주도하고 단장으로 활동했다.
만세운동을 '국권을 침범하는, 국가의 적이나 하는 짓'이라고 비난하고,
만세운동이 끝날 때까지 이를 막고 주모자를 경찰에 고발하는 활동을 적극적으로 폈다.
대구 지역 관료·지주·상공인들이 함께 참여했다.
(참고: 이양희, '3·1운동기 일제의 한국인 자위단체 조직과 운용', 〈한국근현대사연구〉83, 2017)

박중양은 조선총독부의 조선 통치 25주년을 기념해 편찬된 《조선공로자명감》에서
"이토 이하 총독부 대관으로부터 역량·수완이 탁월하다고 인식되고
비상한 때에 진실로 믿을 수 있는 사람은 지사급에서는 박중양이다"라는 평가를 받았다.

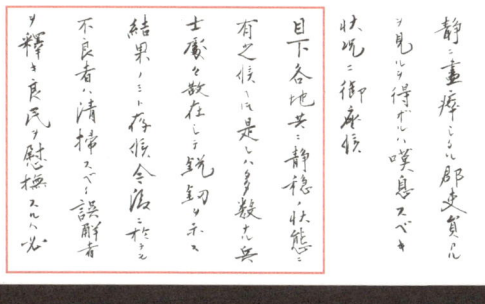

백작 데라우치 원수 각하 … 현재 각지가 모두 평온한 상태를 유지하고 있는데, 이것은 수많은 병사가
곳곳에 산재하여 총칼로 다스린 결과라고 생각합니다. 이후에도 계속 불량자를 청소하고 오해하는 자는 설득하여
양민을 보살핌이 반드시 필요하다고 생각합니다. … 1919년 4월 22일 박중양 재배

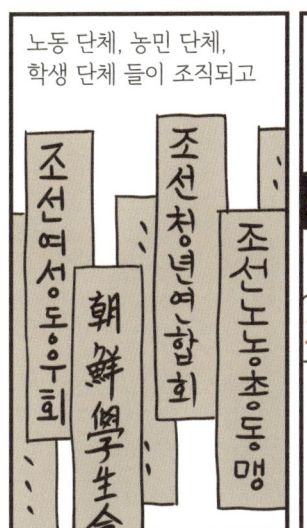

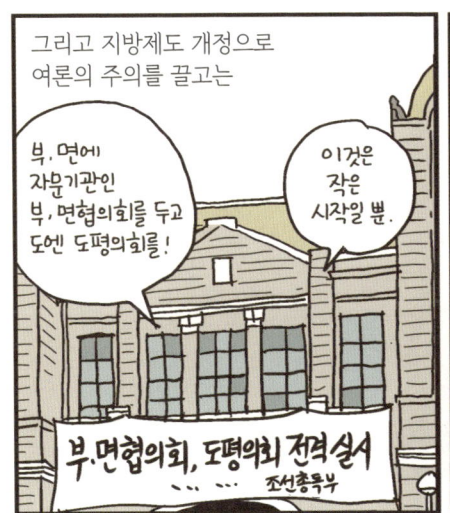

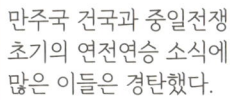

특별지원병 이은휘의 장행기

이은휘는 1941년 지방공무원 시험을 보기 위해
면사무소에 갔다가 지원병으로 끌려갔다.
형식은 '지원'이었지만 실상은 '강제'였다.
지방행정관청이 지원병 수를 채우기 위해 동원에 앞장섰다.
이은휘는 당시 임신 8개월이었던 아내를 두고
1941년 6월 특별지원병훈련소에 입소했다.
결국 그는 1944년 7월 11일 남태평양 파푸아뉴기니
라바울에서 전사했다.
일제는 지원병이 훈련소에 입소하기 전 깃발을 앞세우고
북과 장구를 치며 마을을 돌게 했다.
특별지원병제도에 대한 선전을 위해서였다.
장행기는 이때 앞세운 깃발이었다. 그런데 사람들은
청년들이 죽으러 나갈 때 앞세운 깃발이라고 해서
장행기를 '청춘만장'이라고 불렀다.

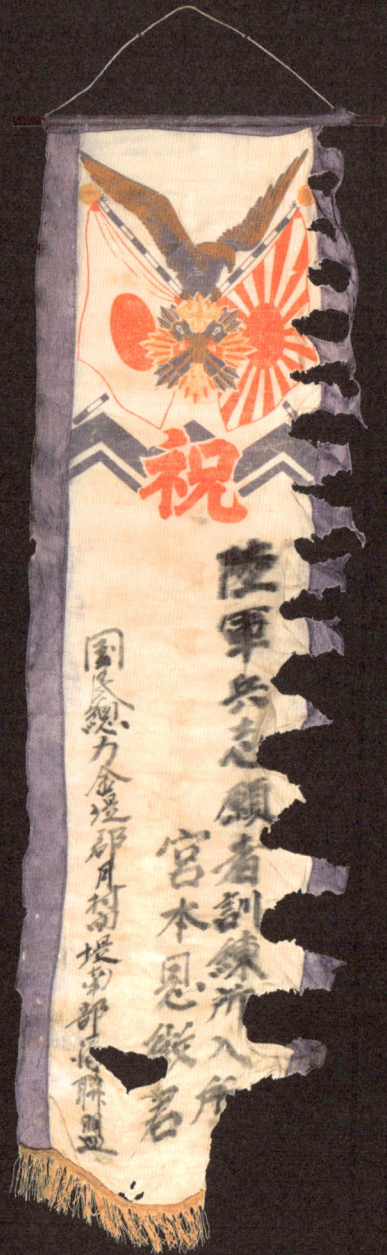

장행기에는
"축 육군병지원자훈련소 입소 궁본은휘 군,
국민총력 김제군 월촌면 제남부락 연맹"
이라고 적혀 있다.

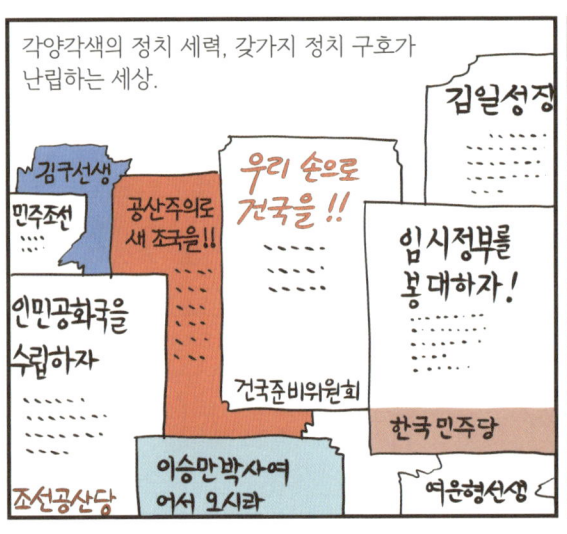

숱한 정치적 격변을 거친 뒤 남한만의 단독 선거로 출범한 제헌 국회는 민족적 여망에 부응해

반민족행위처벌법(반민법)을 제정한다.

땅 땅 땅

문제는 친일파와 손잡은 이승만 행정부의 반대.

"지금은 친일파 문제로 민심을 흩어지게 할 때가 아니다."

반공 총궐기 등의 집회는 사실상 반민법을 반대하는 집회로 흘렀다.

격렬한 반대공작을 뚫고 반민법에 따라 반민특위(반민족행위특별조사위원회)가 구성되고

위원장 김상덕 부위원장 김상돈 등 국회의원 10명의 특위 위원

특별검찰부와

검찰부장 권승렬

특별재판부가 구성되었다.

재판부장 김병로

임종국 선생이 일생을 바쳐 친일파 연구에 주춧돌을 놓았다.

뒤이어 민족문제연구소에 모인 뜻있는 연구자들이

친일인명사전 편찬위원회

시민들의 뜨거운 응원과 지원에 힘입어

친일인명사전 편찬, 국민의 힘으로!

2009년, 마침내 친일파들의 면면과 행적을 집대성한 《친일인명사전》을 세상에 내놓았다.

그리고 이제 친일 청산은 반드시 해결하고 넘어가야 할 역사적 과제로 더욱 선명히 부각되고 있다.

친.일.청.산.

이미 우리들 모두 이 세상 사람이 아닌데 그만 좀 잊으면 안되겠니?

제1장 **친일의 역사**

제2장
우리는 황국신민이다

이완용 백작
어리석은 신민들에게
제3차 경고

… 오늘날 구주대전
(제1차 세계대전)으로 인해
전 세계를 개조하려는 시대에
우리가 삼천리에 불과한 강토와
모든 정도가 부족한
천여 백만의 인구로
독립을 고창함이
어찌 허망타 아니하리.
… 병합 이래 근 십 년 동안
총독정치의 성적을 보건대
인민이 누린 복지가 막대함은
내외국이 공인하는 바다.
… 가장 급한 것은 실력 양성이다.

〈매일신보〉 1919년 5월 30일 자

"만세 무력 진압해야"
장석주 남작

… 단지 구설口說로만 할 뿐 힘으로
복종시키지 않으면 관청을 분략焚掠하면서
일본인을 습격, 살해할 것입니다.
… 이러한데 총독은
구설로만 타이름이 옳겠습니까,
병력으로 무찌름이 옳겠습니까?
단지 구설로써 이를 타이른다면
소요의 진정에는 만에 하나를
보태는 바 없을 것입니다.
반드시 힘으로 이를
복종시킨 연후에라야
일시적 효과라도
볼 수 있을 것입니다.

'조선 독립 소요의
사정과 원인',
〈경성일보〉
1919년 3월 7일 자

"내선일체에 큰 공적"
조선귀족회 회장 이해승 담화 발표

남 총독께서 사임했다니 다만 놀랄 뿐이다. 남 총독은 착임 이래 내선일체의 실현을 시정의 큰 방침으로 하여 침식을 잊고 조선 통치에 다한 것은 자타가 공인하는 바인데, 특히 지원병제도와 징병제도는 글자 그대로 남 총독이 조선 동포로 하여금 충성한 황국신민이 되어 대동아 공영권의 지도자가 되게 하자는 어버이의 마음에서 나온 선정으로서 감사 감격하여 마지않는 바다. …

〈매일신보〉 1942년 5월 30일 자

박부양 자작 장남 박승경 군 학병에 입대

"이 영예는 일천오백만 반도인 모두의 것"

이하영 자작의 손자 이종찬 소대장이 조선인 장교 최초로 일본군 최고 영예인 금치훈장을 받았다.
1942년 2월

이범익 | **징병제 실시는 조선인 최대의 감격, 영예 완수에 최선을 다하자!**
〈만선일보〉 1942년 5월

전라남도 장흥에서 국민총동원령에 따라 유기를 쌓아놓고 촬영한 기념사진

국적들

병합 과정에 적극 협력한 당시의 대신들을 세상은 국적이라 불렀다.

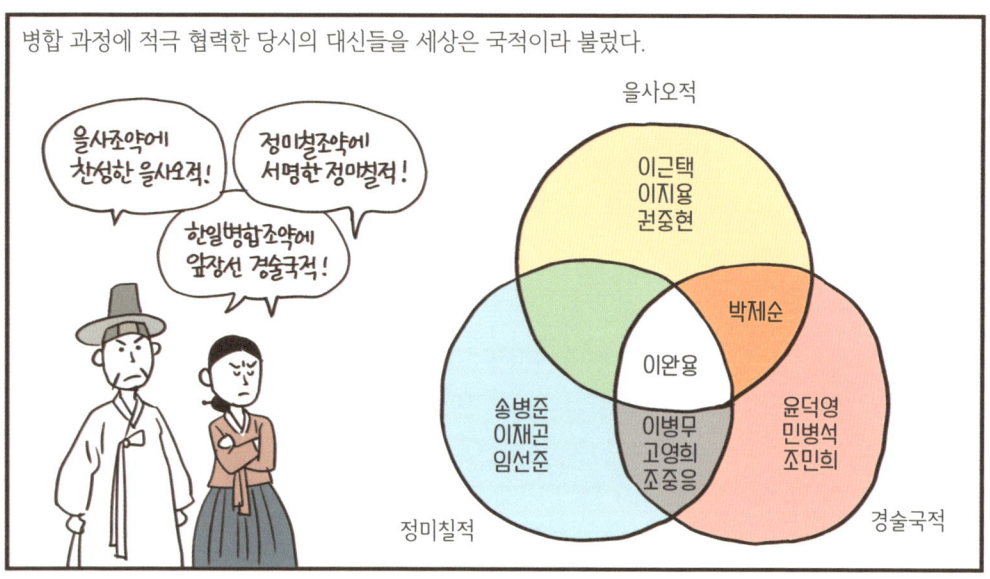

어느 인물 하나 친일파로서 부족함이 없지만 그중 몇몇에 대해 알아보자.

세 범주에 모두 이름을 올린 이는 매국노의 대명사 이완용(1858~1926).

〈경고문〉

조선 독립이라는 선동이 허설이며 망동이라는 것을 알지 못하고
이를 듣고 뒤따라 치안을 방해하니 당국에서 즉시 엄중히 진압하려면 못 할 것도 없다.
근일 듣자니 모모처에서 다수 인민이 사상(死傷)하였다 하니 그중에는 주창한 자도 있겠지만
대다수는 뒤따른 자일 것으로 자신한다. 남을 따라 망동하면 다치거나 죽음이 앞에 있을 것이니
이야말로 살아서 죽음을 구하는 것 아닌가. 안심 진정함이 조금이라도 늦으면 그만큼 해가 될 것이니
오호 동포여, 내 말을 듣고 후회하지 말라…

백작 이완용(제1차 경고, 1919년 4월 5일)

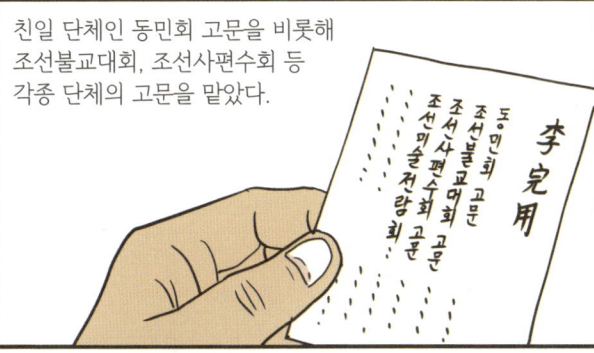

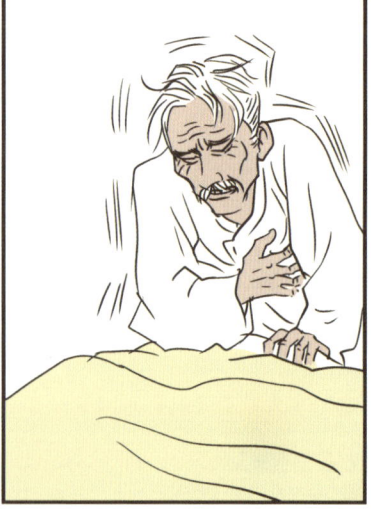

이완용은 말년에 이재명에게 피습당한 후유증으로 고통받다가 69세가 되는 1926년 세상을 떴다.

살아생전 조선을 대표하는 부자였고 지위가 높았던 만큼 장례식은 성대했으며

일본 정부는 대훈위국화대수장을 수여해 그를 빛냈지만

왕실 사람이 아닌 조선인으로서 이 훈장을 받은 이는 이완용이 유일해.

그는 당대에도 매국노란 오명으로 불렸고 〈동아일보〉는 다음과 같은 부고 기사로 그를 조롱했다.

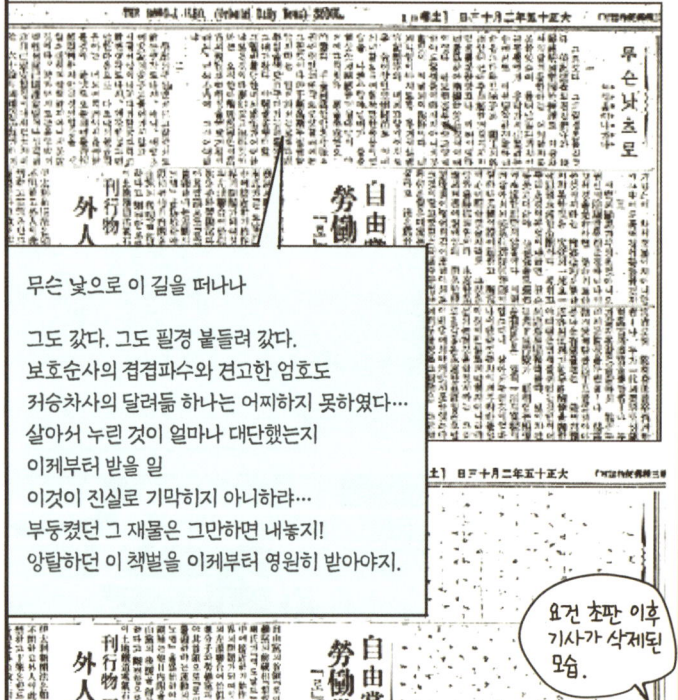

무슨 낯으로 이 길을 떠나나

그도 갔다. 그도 필경 붙들려 갔다.
보호순사의 겹겹파수와 견고한 엄호도
저승차사의 달려듦 하나는 어찌하지 못하였다…
살아서 누린 것이 얼마나 대단했는지
이제부터 받을 일
이것이 진실로 기막히지 아니하랴…
부둥켰던 그 재물은 그만하면 내놓지!
앙탈하던 이 책벌을 이제부터 영원히 받아야지.

요건 초판 이후 기사가 삭제된 모습.

이완용의 차남 이항구는 1924년에 아비와 별개로 남작 작위를 받았고 조선사편수회 위원, 국민총력조선연맹 고문 등을 역임하며 아비를 뒤이어 친일 활동에 진력했다.

정미칠적, 경술국적으로 이름을 올리고 자작 작위를 받은 조중응(1860~1919).

아관파천 뒤 명성황후 시해에 관여했단 혐의를 받고 일본으로 망명하여

10년간 일본에서 지냈다.

이때 일본 여인과 결혼도 했는데

그에겐 이미 부인이 있었다. 한국으로 돌아왔을 때 이를 알게 된 일본 부인이 난리를 피웠고

엉 엉

조중응은 순종에게 중재를 청했다.

음…

알아 보니 본처를 둘 둔 경우가 없지 않은 즉 좌부인, 우부인으로 하면 어떻겠소?

좋겠네. 정부인을 둘 씩이나 두고.

조선의 아방궁이라 불렸던 벽수산장 양관을 지었다.

말년엔 경학원 대제학 겸 명륜학원 총재, 조선유도연합회 회장, 일본제국의회 귀족원 칙선의원, 중추원 부의장까지 맡았다.

그 밖에도 국민정신총동원 발기인 겸 고문, 육군병지원자 후원회 고문, 배영동지회 상담역, 왕공족심의회 심의관 등등을 맡았지.

이쯤 되면 이완용, 박영효 등이 죽고난 뒤엔 내가 거의 원탑이라 해도 되지 않을까?

1940년 사망 때까지 연설과

중일전쟁은 동양을 개조하여 영구평화를 확립하는 동시에 공자가 평소에 이상으로 삼던 대동태평의 세계가 실현될 시기에 도달할 발판이 될 것이며…(1938년 명륜당 강연 중)

기고 등을 통해 열성적으로 친일 활동을 펼쳤다.

참 애국금차회를 조직한 김복수가 바로 내 부인이란 사실도 알아줬으면 해.

재야의 인물인 관계로 국적에 이름을 올리지 못했지만 병합 과정에서 이용구(1868~1912)의 역할도 컸다.

이용구는 최시형의 제자 그룹에서 두드러졌던 인물로 동학농민전쟁에서 지도자로 활약했다.

손병희와 함께 일본으로 망명했고

손병희의 지령을 받고 국내로 들어와 동학교도를 규합하여 진보회를 조직했다.

이어 송병준의 일진회와 합병해 일진회 총회장으로 취임했다.

뒤이어 들어온 손병희는 이용구가 친일 일변도로 나아가는 것을 보고는 동학을 천도교로 개칭해 일진회와 분리시켰다.

"일진회의 이용구는 영구 제명한다!"

제2장 **우리는 황국신민이다** ◆ 79

귀족들

국적들을 뺀 몇몇 귀족들의 친일 행각을 살펴보자.

박영효(1861~1939)는 갑신정변 주역 중 한 사람으로 후작 작위를 받았다.

어린 나이에 철종의 부마가 되었지만 석 달 만에 처와 사별했다.

그러나 왕실의 부마라는 지위에 힘입어 혜민서 제조, 판의금부사 등을 거치고

스물두 살에 수신사가 되어 일본에 다녀왔다.

제2장 **우리는 황국신민이다**

갑신정변 때 나이 스물넷이었다.

망명지 일본에서도 장문의 개혁 상소를 올리고

후쿠자와 유키치 등의 도움으로 조선 청년들을 상대로 하는 학교를 세워 개화 세력을 키우는 등 정계 복귀와 조선개혁의 꿈을 거두지 않았다.

"친린의숙이란 사립학교야. 내 세력을 키우는 양성소 역할을 했지."

10년 뒤 일본 정부의 주선으로 귀국해 내부대신으로서 제2차 갑오개혁을 주도하다가

이듬해 역모 혐의로 다시 일본 망명길에 오른다.

1898년엔 독립협회와 연계해 복귀하려다

"박영효 선생을 불러 써야 합니다."
"우선 중추원 의관으로."

고종의 분노를 사 도리어 독립협회 해산의 빌미가 되기도 했다.

"역적과 연계된 조직이 아닌가?"

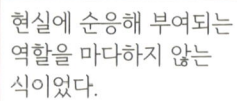

미나미 총독이 이임하게 되자 〈매일신보〉에 그의 공적을 칭송하고
후임 총독을 환영하는 글을 실었다.

남 총독께서 사임했다니 다만 놀랄 뿐이다.
남 총독은 착임 이래 내선일체의 실현을 시정의 큰 방침으로 하여
침식을 잊고 조선 통치에 다한 것은 자타가 공인하는 바인데,
특히 지원병제도와 징병제도는 글자 그대로 남 총독이 조선 동포로 하여금
충청한 황국신민이 되어 대동아 공영권의 지도자가 되게 하자는
어버이의 마음에서 나온 신청으로서 감사 감격하여 마지않는 바다.
후임으로 오시는 고이소 대장과 다나카 다케오 씨는
모두 조선과는 특히 인연이 깊은 이들로서 조선을 잘 알고 계신 만큼
가장 적임자로서 만족하고 환영하는 바다.

"사랑해요 전 총독님!
어서와요 새 총독님!"

징병제가 실시되자 징병령 실시 감사회를 결성해
활동하기도 했는데

"이렇게 감사할 수가!!"

해방 후 한국전쟁
과정에 납북되면서
행방불명되었다.

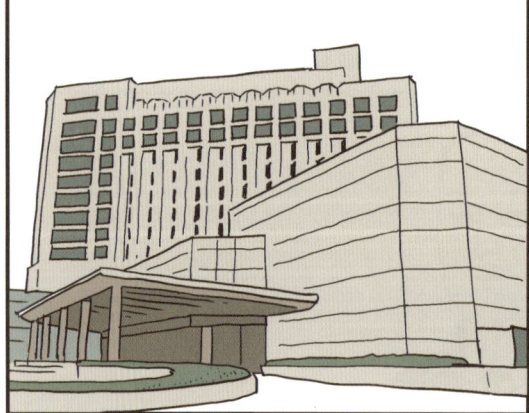

이후 그의 손자가 조부의 재산 찾기 소송을 벌여
200만 평이 넘는 땅을 되찾았고 일부를 팔아
그랜드힐튼호텔(현 스위스그랜드호텔)을 지었다.

이후 친일반민족행위자 재산조사위원회가
친일재산 국가귀속 결정을 내렸지만
미비한 법 조항으로 인해 손자가 다시
소송하고 승소 판결을 받음으로써
수백억 원의 재산을 지켰다.

3·1혁명을 방해한 친일파들

〈매일신보〉에 세 차례 경고문을 실은 이완용처럼

이백 삼차 경고

… 오늘날 구주대전(제1차 세계대전)으로 인해 온 세계를 개조하려는 시대에 우리가 삼천리에 불과한 강토와 모든 정도가 부족한 천여 백만의 인구로 독립을 고창함이 어찌 허망타 아니하리.
… 병합 이래 근 십 년 동안 총독정치의 성적을 보건대 인민이 누린 복지가 막대함은 내외국이 공인하는 바다.
… 가장 급한 것은 실력 양성이다.

적지 않은 친일파들이 3·1혁명의 불길을 끄기 위한 행동에 적극 나섰다.

한상룡은 조선군 사령관 우쓰노미야 다로를 만나 3·1혁명과 관련한 대책을 건의하면서 내선동화정책 열두 가지를 제안했다.

"그리고 조선인에게 참정할 기회도 주시기 바랍니다."

"나는야 창씨개명의 선구자 ♪"

신민회사건 이후 친일의 길을 걷게 된 윤치호는 〈경성일보〉와의 회견에서 이렇게 말했다.

"강자가 서로 화합하고 서로 아껴가는 가운데에는 약자가 항상 순종해야만 강자의 애호심을 불러일으켜서 평화의 기틀이 마련되는 것입니다."

제2장 우리는 황국신민이다 ◆ 91

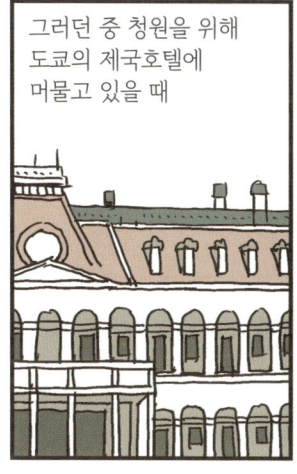

경찰과 밀정들

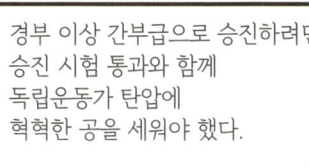

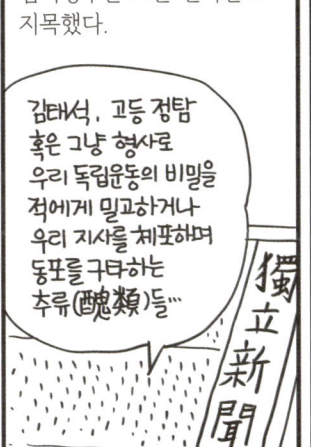

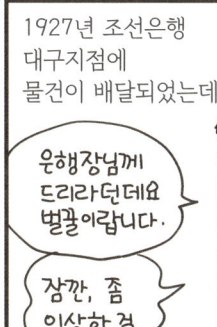

1928년 함흥고보의 식민지 교육 반대 동맹휴학투쟁에 동조해 부산에서도 부산제2상업학교 학생 등이 동맹휴학투쟁에 나섰다.

일본인 교장 사퇴!
조선어로 가르쳐라!
조일공학 반대한다!

경찰의 검문 과정에 무정부주의 비밀결사인 혁조회의 단서가 드러나 검거가 시작되었다.

수사와 취조가 얼마나 혹독하게 진행됐는지

송치된 9명 중

대표였던 김규직은 예심 중에 옥사했고

양정욱, 유진흥은 병보석으로 가석방되었으나 병사했다.

이들을 죽음으로 몰고 간 경찰은 노덕술(1899~1968).

일본에 건너가 일하다가

돌아와 순사가 되었다.

보통학교 2년 중퇴의 학력이지만 유창한 일본어 실력이 도움이 됐을 거야.

일본은 병합 전부터 각계의 조선인을 매수해 조선 침략에 활용했다.

병합 후엔 독립운동을 탄압하기 위해 많은 밀정을 키우고 부렸다.

밀정은 고위급에서

순사가 부리는 동네 밀정까지 층위가 다양했다.

순사나 헌병의 신분으로 직접 민간인이나 독립군으로 변장해 밀정일을 하는 이도 많았지만,

밀정의 핵심은 역시 고용밀정! 총독부나 군, 경찰, 특무 등에 고용되어 정기적 보수를 받는 이들이다.

이 중에서 거물은 일본 외무성 촉탁, 경무국 촉탁 같은 직함을 갖고 권력자로 행세했다.

나 이런 사람이야~

밀정 중 가장 유명한 이라면 단연 배정자(1870~1952)다.

일찍 고아가 되었고 기생, 비구니를 거쳐

일본인 밀정의 도움으로 일본으로 건너갔다.

망명객 안경수의 지원 아래 여학교를 다니다

김옥균을 소개받고, 다시 김옥균을 통해 이토 히로부미를 알게 되었다.

흠... 똑똑한 아이군.

이토는 승마, 수영, 사격, 변장술 등의 밀봉교육을 통해 그녀를 고급 스파이로 준비시켰다.

귀국한 그녀는 고종에게 접근해 신임을 얻고는 왕실의 주요 정보를 빼내곤 했다.

이토가 죽고 끈 떨어진 그녀를 헌병 사령관 아카시가 헌병사령부 촉탁으로 고용한다.

이후 그녀는 일본의 시베리아 출병 시 대륙전선에 투입되어

마적단 두목과 결혼하고 그들을 조종하기도 했다.

이후에도 하얼빈 주재 일본총영사관 밀정으로 활동했는데

주로 북만주 일대의 조선인과 조선인 독립운동가의 동정을 정탐, 보고했다.

1921년엔 외무성 촉탁 겸 펑톈 주재 일본총영사관 밀정으로 남만주 일대를 정탐하고 도쿄로 가서 총리대신과 외무대신을 만나 정탐 상황을 보고하기도 했다.

아울러 조선총독부 경무국 촉탁으로 임명되어 만주, 몽고, 상하이 등지에서 정탐 활동을 이어갔다.

관동군의 요청에 따라 최정규를 내세워 보민회를 창설케 하고는

조직 운영에 필요한 자금 200만 원을 마련해 오는 실력을 보여주었다.

그녀의 밀정 활동은 그 후로도 오래도록 계속되었다.

1941년엔 70이 넘는 나이로 위문대를 조직해 남태평양 군도까지 가서 일본군을 위한 위문 활동을 했다.

해방 후 반민특위에 체포되었으나

고령을 이유로 풀려났고 3년 뒤 죽었다.

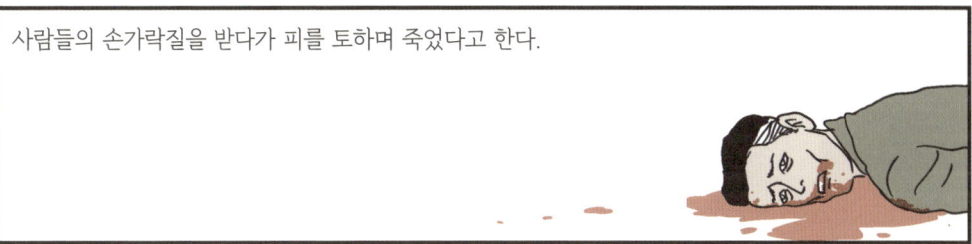

만주의 친일파들

민생단 창단을 주도했던 박석윤은 만주국 협화회 이사, 만주국 국무원 외무조사처 처장으로 일했다.

1939년엔 만철 총재의 추천으로 바르샤바 주재 만주국총영사로 부임하기도 했다.

그치만 독일의 폴란드 침공으로 금방 돌아와야 했었다네. 아까비…

돌아와서 만주국 협화회 중앙본부 위원이 되고 동남지구특별공작후원회 유세반 반장으로 활약했다.

귀순하여 사람답게 살아라—

해방 직전,

총독부가 여운형에게 행정권을 이양한다는 정보가…

여운형을 만나 전후 처리 문제를 교섭하기도 했던 그는

건국사업에 도움이 될까 싶어서.

……

해방 뒤 평양에서 체포돼 사형에 처해졌다.

조선의 수재가 이렇게 가누나.

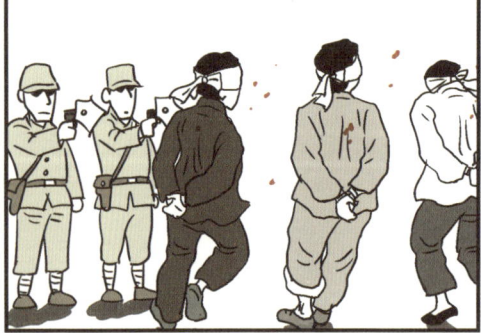

민생단사건은 유격대 내 조선인에 대한 의심에 토벌대의 혹독한 공격과 와해 공작에 대한 극심한 스트레스가 더해져 발생한 참극이었다.

실제로 항일유격대의 와해를 위한 외부 공작이 많았는데,

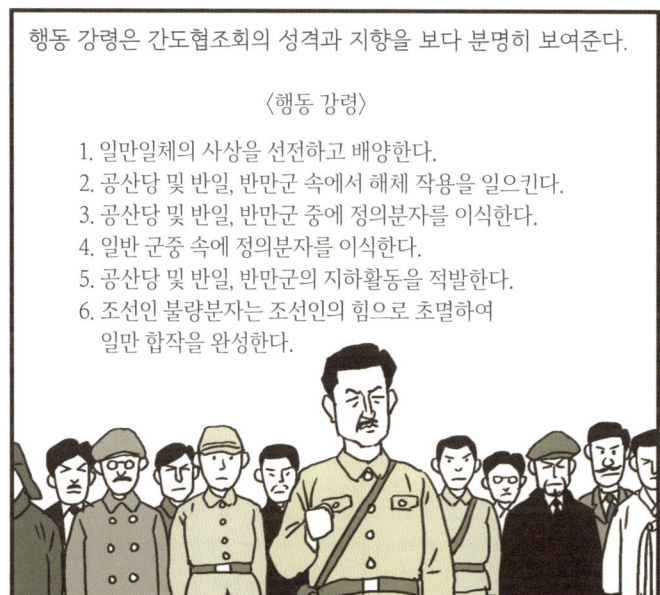

직접 체포, 살해한 사례도 살펴보자.
김동한은 18명의 대원을 데리고 뤄쯔거우 일대로 들어갔고

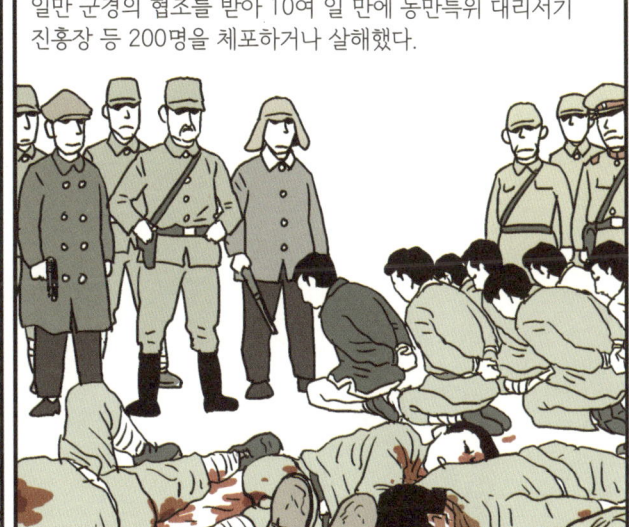
일만 군경의 협조를 받아 10여 일 만에 동만특위 대리서기 진흥장 등 200명을 체포하거나 살해했다.

간도협조회는 뒤에 만주국 협화회에 흡수되는데 2년 남짓한 활동 기간 동안 항일운동 진영에 실로 막대한 타격을 입혔다.

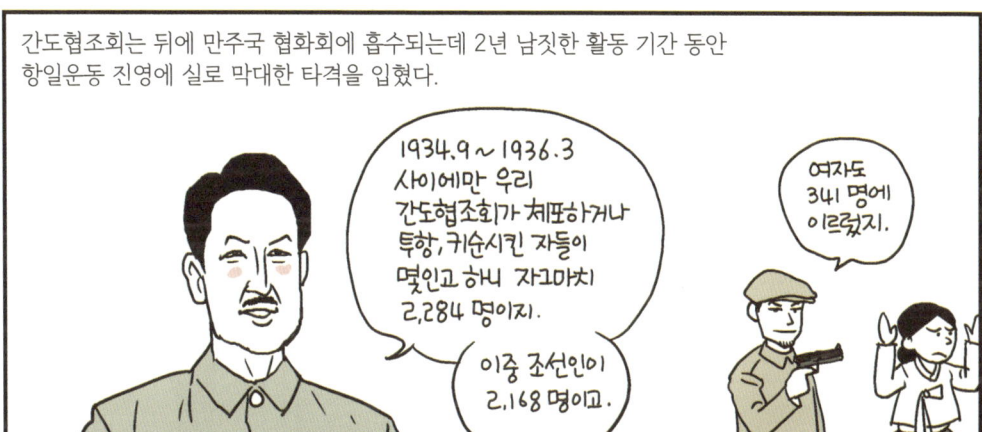

1934.9~1936.3 사이에만 우리 간도협조회가 체포하거나 투항, 귀순시킨 자들이 몇인고 하니 자그마치 2,284명이지.

이중 조선인이 2,168명이고.

여자도 341명에 이르렀지.

유격대의 핵심 간부들을 귀순시키는 데 연이은 성공을 거두던 그는

정치주임 김군이 귀순한다 이 말이지.

네. 만나서 대장님께 기본적인 확인만 받으면 바로 넘어온답니다.

결국 유격대 측의 거짓 귀순공작에 걸려들어 사살됐다.

민족의 망나니 김동한이! 드디어 잡았네.

공작의 달인인 내가 공작에 당하다니…

이광수

나는 천황의 신민이다. 내 자손도 천황의 신민으로 살 것이다. 이광수라는 씨명으로도 천황의 신민이 못 될 것이 아니다. 그러나 향산광랑이 조금 더 천황의 시민답다고 나는 믿기 때문이다.

〈매일신보〉 1940년 2월 20일 자

제3장

학도여, 성전에 나서라

출정하는 자제에게 주는 말
김동환

아들아 오늘 나가거든
마지막까지 참고 버티어서
끝끝내 이기고 돌아오라.
이기지 못하겠거든
신던 신 한 짝이라도
이 아버지는 돌아오기를
원치 않는 줄 알아라.

《신시대》 1944년 3월 호

윤치호

결전보국대강연회 참석해 감동의 연설

"금번 일본 제국이 영미를 상대로 일어선 전쟁은 동양 민족을 영미의 압박하에서 구해내자는 동양 민족 해방의 성전인 것이외다. 그러므로 동양 사람이 되어가지고는 누구나 이 싸움에 나서지 않아서는 안 될 것입니다…"

1941년 12월

'더위 사냥'은 전시총동원으로!

찌는 듯이 무더운 남방에서는 아귀 같은 미국과 영국을 쳐 물리기 위한 싸움이 매일같이 계속되고 있는 것을 생각하면 조선의 더위쯤은 문제도 아닙니다.

〈애국반 회보〉 1943년 8월 1일 제32호

최남선

학도여, 성전에 나서라 보람 있게 죽자

"오늘날 대동아인으로서
이 성전에 참가함은
대운 중에 대운임이
다시 의심 없다.
어떻게든지 참가하고야 마는
최고 명령을 받고 있다."

〈매일신보〉 1943년 11월 5일 자

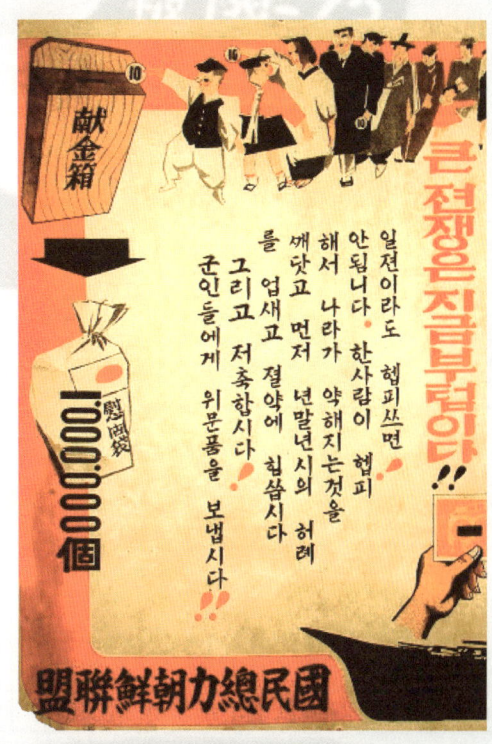

최린

양양하다 반도의 앞날 충효일본忠孝一本의 대도로 나가자 열혈 청년들

"학병이여! 새 역사를 창조하라.
부디 지금까지 간직해온 정열을 조금도 잃지 말고
끝까지 힘찬 돌진을 하여 대동아 공영권을 건설하는
국가 성업의 위대한 주춧돌이 되어주기를 바라 마지않는다."

〈매일신보〉 1943년 12월 8일 자

명망가들

이광수(1892~1950).
다섯 살에 콜레라로 부모를 잃고 불우한 어린 시절을 보냈다.

열네 살에 일진회 유학생으로 선발돼 일본으로 건너갔다.
"보내만 주고 끝이어서 학비를 벌기 위해 휴학도 하는등 고생했어요."

열여섯에 일본어로 소설 〈사랑인가〉를 발표하면서 문학 활동을 시작했다.
〈사랑인가〉 이광수

이후 오산학교 선생을 지내고

상하이, 만주, 시베리아 등지를 여행하는 등 여러 경험을 쌓았다.

스물여섯이던 1917년 〈매일신보〉에 장편소설 《무정》을 연재하면서 문명을 떨쳤다.
"1918년엔 단행본으로 출간돼서 베스트셀러가 되었지."
"무정 봤니?" "응! 완전 감동~"

식민지 청년으로서 민족에 대한 고민은 많았지만 애초 강개한 성격이 아니었고
독립운동가나 혁명가를 지향하진 않았다. 1916년 〈매일신보〉와의 회견에서 이렇게 말했다.

"조선인이 완전한 일본 신민이 되기 위해서는 문명인 됨이 제일 요건이니,"

"조선인이 만일 문명 정도로 내지인을 따르지 못한다면 황화(皇化)를 배반하는 대만의 생번(生番)과 다름이 어디 있으리오?"

"뭐래?"

"일본인 수준으로 문명화를 이루지 못한다면 대만인처럼 야만인이 된다?!"

그러나 파리강화회의를 둘러싼 세계정세의 변화를 보면서 그 역시 독립의 가능성을 짐작했다.

"이런 일이… 진정 세계가 바뀌는 모양…"

2·8 독립선언문을 작성하고

상하이로 건너가 3·1혁명 소식을 월슨 대통령 등에게 보냈으며

상하이에 남아 임시정부 기관지 〈독립신문〉의 발행을 책임졌다.

그런데 3·1혁명은 독립을 가져다주지 않고,

"혹시나 했더니 역시나…"

임시정부의 모습도 실망스러웠다.

"허구한 날 파벌 싸움이지."

제3장 **학도여, 성전에 나서라** ◆ 135

과거 안창호를 존경했던 이광수는 | 흥사단의 국내 지부격인 수양동우회를 조직해 이끌어오고 있었다.

수양동우회

그 움직임을 당국은 다 파악하고 있었지만 신경쓰지 않았더랬다.

"이미 투쟁성을 잃은 이광수가 이끄는 조직인데 별일 있겠어?"

그러나 중일전쟁 이후에 사정이 달라졌다. 사소한 민족주의적 경향도 용납할 수 없게 된 총독부는

"내선일체의 정신에 어울리지 않는 조직은 곤란해."

수양동우회에 대한 일제 검거에 나섰다.
서울에서 55명, 평안도 93명, 황해도 33명 등 181명이 검거됐다.

이 중 41명이 기소됐지만 나중에 전원 무죄 판결을 받았다.

"두 사람이 옥중에서 발병해 사망에 이르고 한 사람은 고문으로 불구가 되었다오."

제3장 **학도여, 성전에 나서라** ◆ 139

그의 장기는 역시 글. 〈지원병 장행가〉, 〈애국일의 노래〉 등을 작사했고
내선일체와 황민화의 정당성을 그린 소설과 시 외 수백 편의 친일 글을 썼다.

> 국민은 총동원되었다. 문인도 총동원에 아니 들지 못하였다.
> 문인도 모두 애국반원이 아니냐. 허위를 참지 못함이 문인의 본색이다.
> 진실이 문인의 생명이다. 문인의 붓은 마땅히 국민문학의 건설의 일청으로 향할 것이다.
> – '국민문학의 의의', 〈매일신보〉 1940년 2월 16일 자

> 조선의 장정은 분연히 지원병이 될 것이다. 징병이 되기를 기다릴 것도 없다.
> 지원병의 문이 있지 아니한가? 작년도에도 3,000명 청원에 8만 명의 지원이 있었거니와
> 금년도에는 500만 명의 청년이 전부 지원하여야 할 것이다. 그래야 충성인 것이다.
> – '신시대의 윤리', 《신시대》 1941년 1월 호

모든 것을 바치리

...
자, 조선의 동포들아
우리들이 있음으로써 더 큰 싸움을 이기게 하자
우리들이 있음으로써 대아시아 건설을 완수시키자
이럼으로써 비로소 큰 은혜에 보답하여 받듦이 되리라
아아, 조선의 동포들아
우리 모든 물건을 바치자
...
우리 충성에 불타는 머릿속을, 심장을 바치자
...
– 〈매일신보〉 1945년 1월 18일 자

지원병 장행가

만세 불러 그대를 보내는 이날
임금님의 군사로 떠나가는 길
우리나라 일본을 지키랍시는
황송합신 뜻 받아 가는 지원병
...
충후봉공 뒷일은 우리 차지니
간 데마다 충성과 용기 있어라
갈지어다 개선날 다시 만나자
둘러둘러 일장기 불러라 만세
– 《삼천리》 1940년 12월 호

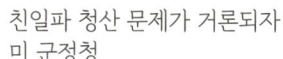

최남선(1890~1957).

1906년 와세다대학에 입학한 뒤 동맹휴학을 이끌어 퇴학당했다.

귀국해 이광수와 함께 잡지《소년》을 발간하고 최초의 근대시 〈해에게서 소년에게〉를 발표했다.

독립선언문을 작성해 투옥된 그를 아베 미쓰이에가 회유하고

"최선생 재주를 이대로 썩힐 순 없잖소."

사이토 총독을 움직인 덕에 최남선은 가출옥되었다.

"형기 1년 남은 상태."

아베는 최남선의 잡지 창간 의지에 적극적인 후원으로 답했다.

"잘 생각했소. 최선생이야 잡지 전문가 아니오?"

"지금은 조선은행 총재에게 부탁해 두겠소."

이에 힘입어 최남선은 잡지《동명》을 창간했는데 잘 되지 않았고

"왜 안 팔리지?"

성에 차지도 않았다.

"나도 아예 신문을?…!"

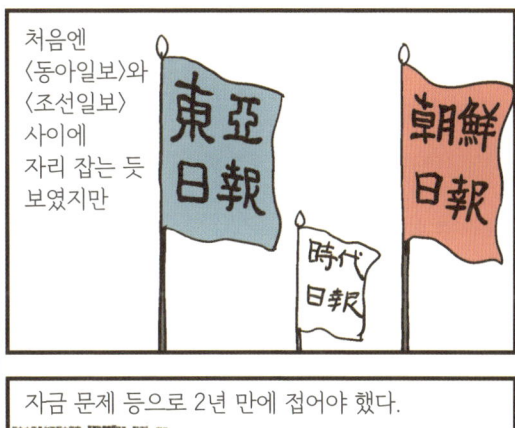

1943년에 학도병 일본권설대로 이광수, 김연수 등과 일본에 가서 학도병 참여를 촉구했다.

> 미영 격멸의 용사로서 황군이 된 참 성심을 발휘하는 가운데 잘 싸워죽기를 바란다.

신문, 잡지 등을 통해 만주침공, 만주국 건설, 중일전쟁, 태평양전쟁을 찬양하고 학생들에게 참전을 권유하는 글을 많이 썼다.

(중일전쟁은) 일본을 맹주로 해 일대 대동단결을 만들어서 백색 인종에 대하여 우리 동방의 역사와 생활과 영광을 확보할 기회…
– '내일의 신광명 약속', 〈매일신보〉 1937년 8월 15일 자

오늘날 대동아인으로서 이 성전에 참가함은 대운 중에 대운임이 다시 의심 없다. 어떻게든지 참가하고야 마는 최고 명령을 받고 있다.
– '학도여, 성전에 나서라–보람 있게 죽자', 〈매일신보〉 1943년 11월 5일 자

일본 국민으로서의 충성과 조선 남아의 의기를 바로 하여 부여된 광영의 이 기회에 분발 용약하여 한 사람도 빠짐없이 출진…
– '나가자 청년 학도야–학문의 진리를 행동으로 바치라', 〈매일신보〉 1943년 11월 20일 자

해방 뒤 반민특위에 체포되자 '자열서'를 지어 자신의 친일 행위를 조목조목 변명했으며,

> 나의 다섯 가지 죄는 조선사편수회 위원이 된 일, 중추원 참의가 된 일, 만주 건국대 교수가 된 일, 학병권유 연사가 된 일, 일선동조론을 부르짖은 일인데 이건 이래서 무죄, 저건 또 저래서 무죄, 결국 다 무죄!

한 달 만에 병보석으로 석방됐다.

중일전쟁 뒤엔 시국을 설명하고 전쟁 협력을 독려하는 강연 활동으로 바빴다.

1938~1941년에는 〈매일신보〉 사장으로 일제의 침략 전쟁을 찬양하는 데 앞장섰다.

조선유도연합회 상임이사, 배영동지회 이사, 국민총력 조선연맹 이사, 조선임전보국단 발기인 겸 단장, 조선언론보국회 회장 등 맡은 직책도 많았지.

내선일체와 전쟁을 지지하는 숱한 글을 기고했는데 그중 몇 대목이다.

병역 의무가 없는 국민은 진정한 국민이 아니라는 한마디를
반도의 여러 모매(母媒)에게 보내 격려와 감사의 뜻을 전한다.
– '지원병 10만 돌파, 지원병 모매에게 보내는 글,' 《삼천리》 1940년 7월 호

국가와 시대를 걸머진 청년 제군,
국가의 원동력이 되는 노무 봉사에 자기를 바쳐서 국가를 위해 살고 국가를 위해 죽어라.
– '읍소', 《삼천리》 1941년 11월 호

우리들 반도 민중은 창씨도 했고 기쁜 낯으로
제국 군인이 되어 무엇으로 보나 황국신민이 된 것이다.
이제부터는 힘을 다하여 연성을 쌓아서
군국의 방패로서 부끄럽지 않은 심신을 만들지 않으면 안 된다.
– '있는 힘을 다 바치자', 〈매일신보〉 1942년 5월 10일 자

학병이여! 새 역사를 창조하라. 부디 지금까지 간직해온 청열을
조금도 잃지 말고 끝까지 힘찬 돌진을 하여
대동아 공영권을 건설하는 국가 성업의
위대한 주춧돌이 되어주기를 바라 마지않는다.
– '양양하다 반도의 앞날 충효일본(忠孝一本)의 대도로 나가자
열혈 청년들', 〈매일신보〉 1943년 12월 8일 자

관리들

유림을 대표해 육군에 비행기 1대를, 해군에 5만 원을 헌납했다.

일제와 총독부의 정책을 지지하는 다수의 글을 기고했으며 강연에도 적극적이었다.

'신체제하의 반도의 유교', 《녹기》 1941년 2월 호
'대동아전쟁과 국체 본의의 투철', 《경학원잡지》 1943년 1월 호

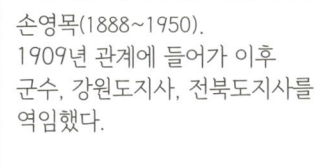

손영목(1888~1950). 1909년 관계에 들어간 이후 군수, 강원도지사, 전북도지사를 역임했다.

1938년 1월 《경성일보》에 이런 글을 발표했고

명문일세.

지원병제에 들끓는 열성, 획기적 제도에 감분, 황국신민으로서의 본분을 다하자.

1939년 8월엔 전북도민 대표로 중기관총 2대, 경기관총 1대, 실탄 2,400발을 헌납했다.

전북도지사로서 열심히 총독부 시책에 호응했고,

말도 마. 민심 수습 시국안정을 위한 강연회, 좌담회 등을 개최하고 군수품 공출 독려, 위문품 모집, 군인 유가족 후원 등으로 정신이 없었어.

제3장 학도여, 성전에 나서라 ◆ 163

전북도지사를 그만둔 뒤에도 친일전선의 선두에서 활약했다.

만선척식주식회사 이사, 총력연맹 이사, 임전보국단 감사, 총력연맹 상무이사, 조선방송협회 이사 등으로 엄청 바삐 살았지.

영미 격멸!

영미 타도!

반민특위 활동이 개시되자 도주했으나

주민 제보로 체포되었다.

충량한 일제의 앞잡이 손영목 전도지사 체포!!

두 달 만에 병보석으로 출감 ^^

그치만 1년 뒤 OUT!

김대우(1900~1976).

경성공업전문학교 재학 중 3·1혁명에 참여했다가 징역 7월에 형집행정지 3년을 선고받았다.

출소 후 규슈제국대학 공학부를 나와 총독부에서 일을 시작했다.

군인들

제3장 학도여, 성전에 나서라 ♦ 169

박정희(1917~1979)는 신징군관학교 제2기다.

대구사범학교를 나와 보통학교 훈도로 일하다가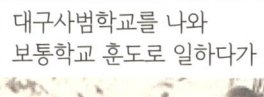

신징군관학교에 지원했으나 탈락했다.

재차 지원했는데 그의 사정이 〈만주신문〉 1939년 3월 31일자에 실리면서 그의 편지도 소개되었다.

혈서 군관 지원, 반도의 젊은 훈도로부터

29일 치안부 군정사 징모과로 조선 경상북도 문경 서부공립소학교 훈도 박정희(23) 군의 열렬한 군관 지원 편지가 호적등본, 이력서, 교련 검정 합격 증명서와 함께 '**한 번 죽음으로써 충성함 박정희**'라고 피로 쓴 반지(半紙)를 봉입한 등기로 송부되어 관계자를 깊이 감동시켰다. 동봉된 편지에는
' … 일반적인 조건에 부적합한 것 같습니다. …
일본인으로서 수치스럽지 않을 만큼의 정신과 기백으로써
일사봉공(一死奉公)의 굳건한 결심입니다. 확실히 하겠습니다.
목숨을 다해 충성을 다할 각오입니다. …
한 명의 만주국군으로서 만주국을 위해, 나아가 조국을 위해 어떠한 일신의 영달도 바라지 않습니다. 멸사봉공, 견마(犬馬)의 충성을 다할 것입니다.'
…

그러나 나이 제한으로 역시 거절되었다.

하지만 기어이 신징군관학교 선발 시험에 응시했고

240명 중에서 15등으로 합격했다.

입학이 가능했던 것은 대구사범 시절 교련 교관이 마침 관동군 대좌로 있어서 추천해주신 덕이야.

1942년 3월 졸업 시 우등생으로 만주국 황제 푸이가 하사하는 금장 시계를 받았고,

일본 육사 본과에 편입해 졸업했다.

1944년 12월 일본군 소위에서 만주군 보병 소위로 소속이 바뀌어 팔로군을 상대하는 부대에 있었다.

해방 직전에 중위로 진급.

해방 후 남로당에 가입해 활동하다가 숙군 작업 당시 김창룡에게 프락치 혐의로 체포되었고,

군대 내 남로당원들의 명단을 제공한 대가로 사형을 면했다.

그리고 우리 만주 선후배들이 엄청 애썼다.

군에 복귀했고, 전쟁이 끝난 뒤인 1953년 11월에 준장을 달았다.

문인들

김동인(1900~1951).

열다섯 살에 일본 유학을 떠나 스무 살에 주요한 등과 도쿄에서 최초의 순 문예 동인지 《창조》를 창간했다.

〈배따라기〉, 〈감자〉 등을 발표하며 문단에 이름을 날렸고

1933년에는 〈조선일보〉에서 학예부장을 잠시 맡기도 했다.

1938년 2월 4일 〈매일신보〉에 '국기'를 기고해 일장기를 찬양한 것이 본격적인 친일 행보의 시작이다.

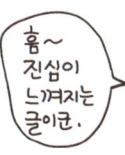

> 광명의 원천인 태양의 단순 간결한 표시인 일장기는… 실로 국기로서 최우수한 자로 보지 않을 수 없다. … 국기란 멀리서도 얼른 알아볼 수가 있고 기억하기 쉽고 그러고도 국체의 위의를 넉넉히 나타내어야 할 것이다. 이러한 의미로 일장기는 가장 우수한 자.

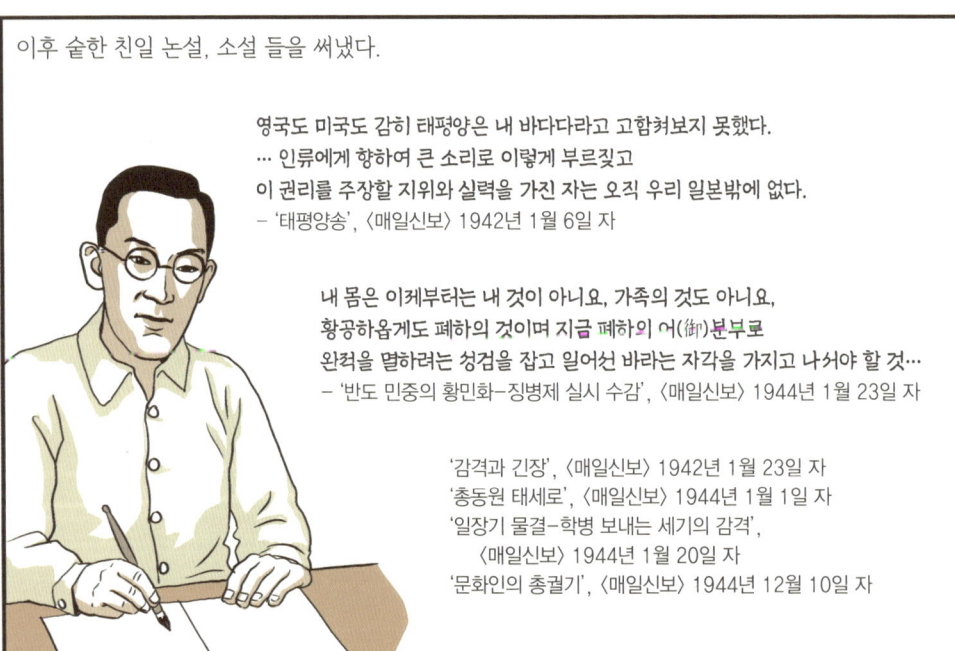

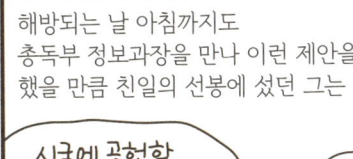
해방되는 날 아침까지도 총독부 정보과장을 만나 이런 제안을 했을 만큼 친일의 선봉에 섰던 그는

"시국에 공헌할 새로운 작가 조직을 만들까 하는데 좀 도와주시죠."

"바보응"

해방 후 '문단 30년의 자취'를 연재하면서 일제 때의 행적을 이렇게 변명했다.

"민족해방을 위한 결단이자 교육책이었대 ※"

"조선어와 조선 소설을 지키기 위한 체제내적 저항운동이었단 얘기도 하더군. 죽이지 않냐?"

1949년 뇌일혈로 쓰러지고 전쟁 중인 1951년에 사망했다.

1955년 동인문학상이 제정되어 지금까지 이어져오고 있는데

아무개
東仁文學賞 시상식
조선일보

근래 들어 폐지 목소리가 높아지고 있다.

친일문인 김동인을 기리는 **동인문학상 폐지하라!**
한국작가회의 자유실천위원회, 민족문제연구소

모윤숙(1909~1990). 이화여전 영문과를 졸업하는 해에 시인으로 등단했다.

이광수의 문단 제자였으며

극예술연구회 동인으로도 활동했다.

경성방송국에 취직해 방송도 진행했을 만큼 다재다능했다.

태평양전쟁 이후 각종 강연회, 간담회, 시 낭송회 등에 참여해 적극적으로 친일 활동을 펼쳤으며

전쟁 협력을 촉구하는 다수의 친일 시와 산문을 발표했다.

지원병에게

...
눈은 하늘을 쏘고 가슴은 탄환을 물리쳐
대동양의 큰 이상 두 팔 안에 꽉 품고
달리어 큰 숨 뿜는 정의의 용사
그대들은 이 땅의 광명입니다.
대화혼 억센 앞날 영겁으로 빛내일
그대들 이 나라의 앞잡이 길손
피와 살 아낌없이 내어 바칠
반도의 남아 희망의 화관입니다.
...
– 《삼천리》 1941년 1월 호

내 어머니 한 말씀에

...
오냐! 지원을 해라 엄마보다 나라가
중하지 않으냐 가정보다 나라가 크지 않으냐
생명보다 중한 나라 그 나라가
지금 너를 나오란다 너를 오란다
조국을 위해 반도 동포를 위해 나가라
폭탄인들 마다하랴 어서 가거라
엄마도 너와 함께 네 혼을 따라 싸우리라
– 〈매일신보〉 1943년 11월 12일 자

여성도 전사다

우리는 높이 펄럭이는 일장기 밑으로 모입시다.
쌀도, 나무도, 옷도 다 아끼십시오.
나라를 위해 아끼십시오. 그러나 나라를 위해서
우리의 목숨만은 아끼지 맙시다.
아들의 생명 다 바치고 나서 우리 여성마저
나오라거든 생명을 폭탄으로 바꿔 전쟁 마당에
쓸모 있게 던집시다.
– 《대동아》 1942년 5월 호

시와 논설 등 숱한 기고와 강연 활동을 이어갔다.

권군취천명

...
이인석 군은 우리에게 보여주지 않았던가
그도 병(兵)되어 생사를 나라에 바치지 않았던들
지금쯤 충청도 두메의 이름 없는 농군이 되어
베옷에 조밥에 한평생 묻혀 지냈겠지
웬걸 지사, 군수가 그 무덤에 절하겠나
웬걸 폐백과 훈장이 그 제사상에 내렸겠나
...
– 특별지원병에게 보내는 한 시인의 편지,
〈매일신보〉 1943년 11월 7일 자

출정하는 자제에게 주는 말

아들아 오늘 나가거든
마지막까지 참고 버티어서
끝끝내 이기고 돌아오라.
이기지 못하겠거든
신던 신 한 짝이라도 이 아버지는
돌아오기를 원치 않는 줄 알아라.
– 《신시대》 1944년 3월 호

총, 1억 자루 나아간다

이 총끝 닿는 곳, 진주만이요, 보르네오요, 적도 밑이며
이 총소리 들리는 곳, 비율빈이요, 포왜, 인도 사람의 귀라
강쩍 영미의 심장 찌르려 한다 그 총자루 5억인가 10억인가
...
일본이여, 일본이여 나의 조국 일본이여
어머니여, 어머니여 아세아의 어머니 일본이여
주린 아이 배고파서, 벗은 아이 추워서
젖 달라고 옷 달라고 10억의 아이 우나이다, 우나이다
– 《삼천리》 1942년 1월 호

| 해방 뒤 조만식이 이끄는 조선민주당의 간부로도 활동했으나 | 반민특위 활동이 시작되자 자수해 공민권 정지 5년을 선고받았다. | 6·25전쟁 중 납북된 것으로 전해진다. |

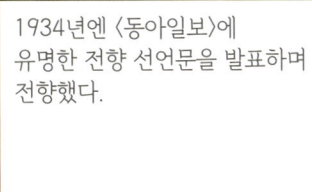

시국대응전선사상보국연맹, 조선문인협회, 황도학회, 국민총력조선연맹, 조선임전보국단 등의 단체에서 간부로 활동하면서 숱한 친일문학론, 논설 등을 남겼다.

우리 일본은 다년간 영미의 개인주의, 자유주의, 유물주의의 수입이 있었던 것만큼 국민 생활의 사상과 감정에서 깨끗이 이것을 추출, 청산하고 웅대한 일본적 사상을 고양케 함으로 대동아건쟁의 목적을 완수할 뿐만 아니라 이곳에서 비로소 국민문학의 웅장한 수립이 성취될 수 있다.
– '대동아문학자대회 출석을 앞두고', 〈매일신보〉 1942년 10월 29일 자

'문장 보국의 의의', 〈매일신보〉 1940년 4월 25일 자
'임전 체제의 문학과 문학의 임전 체제', 《국민문학》 1941년 11월 호
'문화인이여 일어나라', 〈경성일보〉 1942년 1월 10일 자
'황민 완성–국어(일어)에 대한 애정', 〈경성일보〉 1942년 11월 25일 자

해방 후 전향자 단체인 국민보도연맹의 간부로 지내다가

납북된 것으로 알려진다.

채만식(1902~1950).

강화의 사립학교 교원으로 근무하다가 등단했고 〈동아일보〉, 〈조선일보〉 등에서 일했다.

금광 열풍이 불던 1938년엔 금광 사업에 뛰어들었다가 실패하기도

기고 등을 통해 일제의 정책을 옹호하고 침략 전쟁을 미화하는 활동을 전개했다.

동아의 나라 중에서 서양의 장점을 받아들인 나라는 일본이고 동양 정신의 진수를 가장 순수한 형태로 보지하고
금일 큰 정력을 써서 타락한 서양 문화를 되돌릴 수 있는 저력을 가진 나라는 일본이다.
— 〈요미우리호치신문〉 1942년 11월 6일 자

단순히 언어를 깨닫는 것을 의미하는 것에 그치지 않고 동양 정신을 최고로 순수한 형태로 보지해온
일본 정신을 체득하는 것이고 더 나아가 지역 문화의 수준을 향상시키는 것…
— '일본어의 보급', 〈경성일보〉 1942년 11월 15일 자

우리의 마음은 이미 하나가 되어 미영 격멸을 위하여 불타고 있습니다.
… 편협한 개인주의의 미영문학을 격멸하고
웅대하고 장려한 동양의 오래고 새로운 문화를 창조해나가는 것이야말로 우리의 사명…
— '거대한 융화', 《문학보국》 1943년 9월 10일 자

내선일체를 최종적으로 해결하는 것도 다른 사람이 아니라 조선인 자신인 것이다.
조선 사람이 지금 내지인과 다른 경우에 처해 있는 것이 사실이라 하면 그것은
조선 사람이 내지인에게 지지 않는 힘을 가짐으로써 비로소 해결될 것이다.
이번 특별지원병제도는 조선 사람에게 이러한 힘을 주는 것이라고 생각한다.
병역이 단순한 의무가 아니라 특권이라는 것은 이런 의미에서 용이하게 이해될 것…
— '병역은 곧 힘이다', 〈매일신보〉 1943년 11월 18일 자

'신체제하의 조선 문학의 진로', 《삼천리》 1940년 12월 호
'싱가폴 낙성의 감격', 《신시대》 1942년 3월 호
'조선 문단의 수준 향상', 〈아사히신문〉 1943년 8월 21일 자
'훌륭한 군인으로 정진하라', 〈경성일보〉 1944년 1월 19일 자
'학도병 출진 효암의 감격', 《국민총력》 1944년 2월 호

해방 뒤 헌법기초위원,
초대 법제처장,
고려대학교 총장 등을
지냈고

1966년엔 민중당 대통령 후보를,
1967년엔 신민당 총재를 맡았다.

노천명(1911~1957)은 모윤숙과 친구로 1932년에 등단했으며 〈조선중앙일보〉 기자로 활동했다.

조선문인협회 간사, 조선임전보국단 부인대 간사로 활동하면서 각종 강연, 좌담회, 시 낭송회, 학병 위문 등의 활동을 벌였다.

학병 출전을 권유하고 일본군의 승전을 찬양하는 다수의 친일 시, 논설, 참관기 등을 발표했다.

님의 부르심을 받고서

남아면 군복에 총을 메고
나라 위해 전쟁에 나감이 소원이리니

이 영광의 날
나도 사나이였다면 나도 사나이였다면
귀한 부르심을 입는 것을

…

– 〈매일신보〉 1943년 8월 5일 자

싱가폴 함락

아세아의 세기적 여명은 왔다
영미의 독아에서
일본군은 마침내 신가파를 뺏어내고야 말았다

동양 침략의 근거지
온갖 죄악이 음모되는 불야의 성
싱가폴이 불의 세례를 받는
이 장엄한 최후의 저녁
싱가폴 구석구석의 작고 큰 사원들아
너의 피를 빨아먹고 넘어지는 영미를 조상하는
만종을 울려라

– 〈매일신보〉 1942년 2월 19일 자

해방 후 소설 〈오산이었다〉를 발표해 자신의 친일 행위를 변명했고

전쟁 중에 피난을 가지 못해
문학가동맹에 참여한 일로 부역 혐의를 받아
20년 형을 받기도 했다.

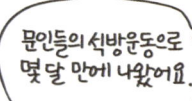

문인들의 석방운동으로 몇 달 만에 나왔어요.

서정주(1915~2000). 광주학생운동 기념 시위를 주도해 퇴학당했다.

〈동아일보〉 신춘문예에 당선되었고

1942년 이후 본격 친일 대열에 합류했다.

내 나이 스물여덟.

다수의 시, 잡문, 평론, 종군기를 통해 친일에 앞장섰다.

스무 살 된 벗에게

… 이보다 앞서서 이미 우리들의 선배의 지원병들은 우리들의 것이요 동시에 천황 폐하의 것이요 그 붉은 피로써 우리들 앞에 모범을 보이어 우리들의 나갈 길을 보여주었습니다.
이미 야스쿠니 신사의 영령이 된 한 사람의 이인석 상등병의 피는 컬대로 헛되이 흘려쳐버리고 말 성질의 것은 아닙니다.
가나우미. 땅에 흘려진 피는 또한 늘 귀 있는 자를 향하여 외치는 것이라는 것도 총명한 그대는 잘 알 것입니다. 지원병들의 뒤를 이어서 인케부터 젊은 사람들은 스물한 살만 되면 부철(不絶)히 일어서서 일본 케국 군인으로서의 자기를 단련해갈 것…
– 《조광》 1943년 10월 호

송청(마쓰이) 오장 송가

…
마쓰이 히데오!
그대는 우리의 신풍특별공격대원
청국대원

청국대원의 푸른 영혼은
살아서 벌써 우리에게로 왔느니,
우리 숨 쉬는 이 나라의 하늘 위에
조용히 조용히 돌아왔느니

우리의 동포들이 밤과 낮으로
청성껏 만들어 보낸 비행기 한 채에
그대, 몸을 실어 나갔다간 내리는 곳
…
쪼각쪼각 부서지는 산더미 같은 미국 군함!
– 〈매일신보〉 1944년 12월 9일 자

조선인 출신 소년비행병으로 제일 먼저 가미카제 특공대로 전사했다고 알려진 인재웅을 추모하는 내용임.

근데 웃긴 건 1946.1 인재웅이 살아서 돌아왔다는 거.

1972년 서정주는 자전적 성격의 글에서 자신을 친일파, 부일파라 부르는 데 대해 이의를 제기하고 이렇게 변명합니다.

나는 일본의 욱일승천지세 아래 종천순일파로 체념하며 산 것일 뿐.

김기진(1903~1985)은 시인이자 평론가이면서 신문 기자로 활동했다.

박영희와 함께 카프를 이끌었던 그는

〈매일신보〉 사회부장으로 일하게 된 1938년부터 본격적인 친일 행보를 보인다.

"총독의 남해안 시찰에 동행해 수행기도 썼고,"

태평양전쟁 시기에 평론, 시, 산문 등으로 전쟁을 찬양하고 학병을 선동했다.

아세아의 피

...
마침내 선전포고다!
영미의 두상에 폭탄의 비를 퍼부어라

...
태평양 동쪽의 언덕언덕을 구석구석을
기만! 통갈(恫喝)! 회유! 착취! 살육! 강탈!
끝없는 탐욕의 사나운 발톱으로 유란하여오던
오! 커 악마의 사도를 몰아낼 때가 왔다

극동의 해가 찬란한 해가 뚜렷한 일장기가
아침 하늘에 빛난다 이글이글 탄다
황공하옵게도 조서가 내렸다! 선전포고다!
일억의 국민이 한꺼번에 일어섰다
기약하지 않고 일치해버렸다
...
– 〈매일신보〉 1941년 12월 13일 자

나도 가겠습니다
– 특별지원병이 되는 아들을 대신하여

한 사람에 천년의 목숨 없고
천 살을 산들 썩어 살면 무엇에 씁니까

대대로 받아 내려온 켜 몸의 이 더운 피
이 피는 조선의 피며 일본의 피요
다 같은 아세아의 피가 아니오니까
반만년 동양의 역사가 가르칩니다

지금 동양의 역사를 동양 사람의 피로
새로 쓸 때–
지금 아세아의 지도를 동포의 피로써
새로이 그릴 때–
– 〈매일신보〉 1943년 11월 6일 자

해방 뒤 반민특위가 발표한 명단에 들어 있었으나 체포되지 않았다.
"물론 자수하지도 않았고."

한국전쟁 과정에 극적으로 살아났고 1960년엔 〈경향신문〉 주필로 일했다.

사후 팔봉비평문학상이 제정돼 30년 넘게 이어오고 있다.
"친일파 기리는 팔봉비평 문학상을 폐지하라!"

백철(1908~1985)도 카프에서 활동한 평론가.

1938년 〈동아일보〉에 전향서를 발표하고

이후 〈매일신문〉 기자, 학예부장으로 일했다.

국민총력조선연맹 문화부 문화위원, 조선문인협회 상무간사 등으로 활동하면서 각종 강연회 연사로 활약했고

일제를 찬양하는 다수의 글을 발표했다.

'천황 폐하 어친열 특별관함식 배관근기',
　　《삼천리》 1940년 12월 호
'제국 해군의 위용–기념일과 문화인의 각오',
　　〈매일신보〉 1941년 5월 27일 자
'결의의 시대–평론의 1년',
　　《국민문학》 1942년 11월 호

연극계, 영화계, 무용계

1933년 치안유지법으로 구속되었고

출소 뒤엔 주로 연극계에서 활동했다.

1941년 국민극이 제창된 이후 〈백마강〉을 집필하며 본격 친일 대열에 합류했다.

이후 조선문화협회 이사로 활동하면서 연극경연대회에 일련의 친일 작품을 올렸다.

해방 후 월북했고 〈리순신장군〉을 집필해 호평을 받았다.

나웅(1909~?)은 소설가 나도향의 사촌으로 역시 배우로 출발했다.

1934년 신건설사 사건으로 1년 형을 살았고

1938년 시국대응전선사상보국연맹 간사를 맡는 등 친일의 길에 들어섰다.

문예봉(1917~1999)은 당대 가장 인기 있었던 여배우.

"삼천만의 연인으로 불렸죠."

최승희 무용연구소에서 춤을 배우고

아버지가 창단한 극단에서 연극에 데뷔해 주목을 받았다.

나운규 제안으로 〈임자 없는 나룻배〉에 출연한 이래 본격 영화배우로 활동했다.

"춘향전, 장화홍련전, 인생항로 등의 영화에."

1938년 최초의 본격 친일 영화인 〈군용열차〉에 출현한 것을 시작으로

1948년 월북했고 이후 공훈배우를 거쳐 인민배우에까지 이르렀다.

〈지원병〉, 〈그대와 나〉, 〈조선해협〉 등의 친일 영화에 출연했다.

〈지원병〉의 한 장면

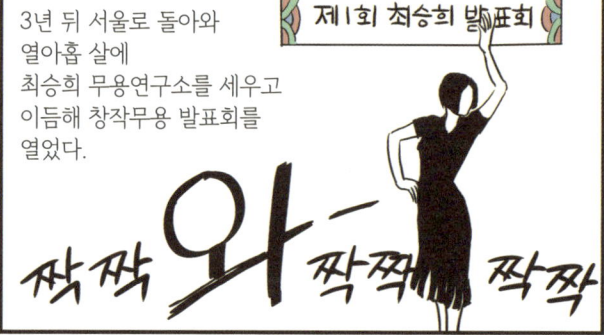

무용가로서의 삶을 살기로 결심하고 일본으로 건너가 이시이 바쿠로부터 배웠다.

1934년 제1회 조택원 무용 발표회를 열었고
남자가 뭔 무용이야 했는데 멋지던 걸.
제1회 조택원 무용 발표회
그래, 완전히 남자 최승희드만.

이후 승무를 현대적으로 재해석한 춤으로 전국 순회공연을 할 만큼 인기를 얻었다.

유럽으로 건너가 80여 차례 공연하며 호평을 받았다.

1941년 공연 실패로 빚더미에 앉게 되자 총독부 학무국으로 찾아가 자금 지원을 받기로 하고 본격 친일 무용, 국책 무용의 길로 나섰다.
핫팅~
조선 무용가로서 대일본무용연맹 이사에 선출되기도.

해방 직전까지 무용가, 음악가 12명으로 황군위문공연단을 조직해 조선, 중국, 만주, 몽골 등지에서 위문 공연을 했다.
내가 단장을 맡아 1천여 회의 공연을 했지.
황군위문연단

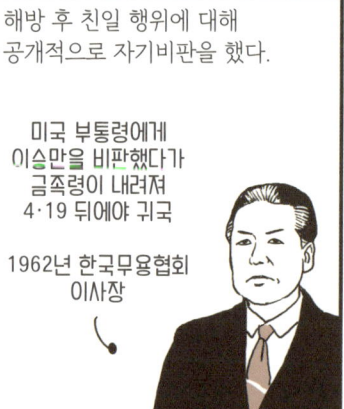
해방 후 친일 행위에 대해 공개적으로 자기비판을 했다.
미국 부통령에게 이승만을 비판했다가 금족령이 내려져 4·19 뒤에야 귀국
1962년 한국무용협회 이사장

음악계, 미술계

음악계의 친일 활동은 침략 전쟁과 신체제를 찬양하는 노래의 창작과

적극적 보급 활동이 주류를 이루었다.

총독부 등이 주도한 다양한 군국 가요 공모전에 적극 참여했고,

레코드 취입,

가창 지도대를 통한 국민개창운동 등으로 보급에 앞장섰다.

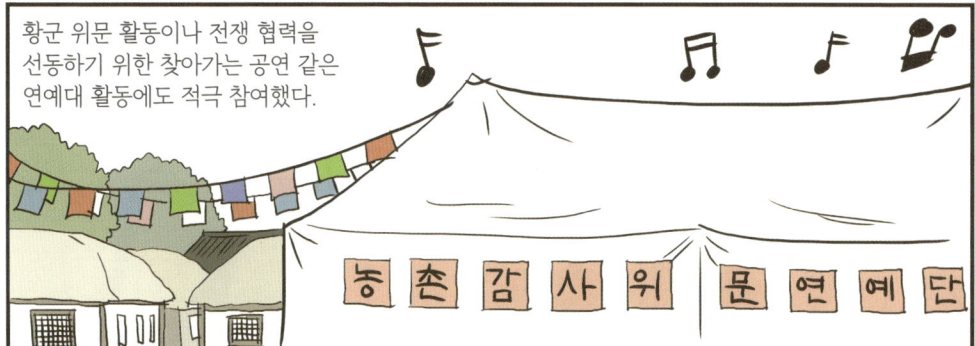

황군 위문 활동이나 전쟁 협력을 선동하기 위한 찾아가는 공연 같은 연예대 활동에도 적극 참여했다.

현제명(1903~1960).

평양숭실학교를 졸업하고 미국으로 건너가 음악 공부를 했으며 시카고음악연구원에서 박사학위를 받았다.

〈고향생각〉은 이때 지은 노래.

해는 져~서 어두운데 찾아 오~는 사람없어 ♪

귀국한 지 얼마 지나지 않아 수양동우회사건으로 검거되었고 전향선언서를 발표해 친일의 길로 나섰다.

조선 민중의 행복은 내선 두 민족을 하나로 하는 대일본 신민이 되어 신동아 건설에 매진함에 있다.

조선임전보국단 발기인 겸 평의원, 조선음악협회 이사, 경성후생실내악단 이사장 등을 맡아 활동했다.

영미타도를 위한

〈후지산을 바라보며〉를 작곡했고,

연극 〈북진대〉의 음악을 담당했다.

작곡가이기 이전에 빼어난 성악가이기도 했던 그는

징병제 시행을 경축하는 '야외음악과 영화의 밤'에 출연해 〈항공 일본의 노래〉, 〈대일본의 노래〉를 독창하는 등 각종 행사나 라디오 등에서 노래했다.

조선음악협회가 성전 완수를 돕기 위해 개최한 음악경연대회 심사위원도 맡아 보았다.

해방 직후 고려교향악단을 조직해 이사장이 되었고 이후 경성음악학교 교장, 서울대 음대 학장 등을 역임했다.

그리고 한국음악가협회를 창립해 초대 이사장으로 선출됐고 예술원 종신회원이기도 하.

〈동심초〉, 〈산유화〉, 〈못 잊어〉의 작곡가 김성태(1910~2012).

경신중학교 재학 중 광주학생항일운동에 동참해 동조 시위를 했다가 퇴학당했다.

일본의 중학교로 편입해 졸업한 뒤 연희전문에서 공부했고,

도쿄로 가 작곡을 공부하고 돌아와서는 경성보육합창단, 경성방송혼성합창단 지휘를 맡았다.

일제의 침략 전쟁을 찬양, 선전하는 〈군국의 어머니〉, 〈어머니의 희망〉, 〈바다〉, 〈배〉 등을 작곡했다.

해방되자 곧바로 〈독립행진곡〉을 작곡할 만큼 빠른 태세 전환을 보여준 그는 1976년까지 서울대 음대 교수로 일했다.

안익태(1906~1965). 일본에서 공부했고

다시 미국으로 건너가 첼로를 전공하며 지휘 공부도 했다.

음악학 석사를 받고 유럽으로 건너갔다.

헝가리에서 교향악단 객원으로 자작곡 〈교향적 환상곡 조선〉을 지휘하더니 역량을 인정받아 부다페스트 교향악단을 지휘했다.

1938년 〈관현악을 위한 환상곡 에텐라쿠〉를 발표했다.

에텐라쿠는 일본의 전통아악으로 천황 즉위시 연주되는 음악이지.

이후 이승만 대통령 탄신 80주년 기념 음악회와 85주년 기념 음악회를 지휘하기 위해 1955년과 1960년 귀국했던 그는

1965년 바르셀로나에서 생을 마감하고 12년 뒤 국립묘지 제2유공자 묘역에 안장됐다.

대중의 마음을 사로잡았던 대중음악 작사가, 작곡가 들도 친일의 길에 적극 나서서 숱한 친일 가요들을 만들었고

인기 가수들은 노래로 일제의 시책에 부응했다.

조명암(1913~1993).
대중가요 작사가, 극작가, 시인.

〈알뜰한 당신〉, 〈세상은 요지경〉, 〈꿈꾸는 백마강〉, 〈목포는 항구다〉, 〈무정천리〉 등이 다 내 작품이지.

1940년대 들어 〈군사우편〉, 〈애국반〉, 〈그대와 나〉, 〈지원병의 어머니〉, 〈이 몸이 죽고 죽어〉, 〈아들의 혈서〉 등의 군국 가요를 40여 곡 작사했다.

지원병의 어머니

1. 나라에 바치자고 키운 아들을
   빛나는 싸움터로 배웅할 제
   눈물을 흘릴쏘냐 웃는 얼굴로
   깃발을 흔들었다 새벽 정거장

3. 살아서 돌아오는 네 얼굴보다
   죽어서 돌아오는 너를 반기며
   용감한 내 아들의 충의충성을
   지원병의 어머니는 자랑해주마

1948년 월북, 1960년 교육문화성 부상

김준영 (1907~1961). 〈사랑에 속고 돈에 울고〉, 〈홍도야 우지 마라〉 등의 가요를 작곡했다.

군국의 가요로는 〈반도의용대가〉, 〈어머니가 노래한다〉, 〈일본남아〉, 〈승전가〉 등 4곡이 있다.

군국영화의 음악 작업도.

김해송(1911~?). 가수 겸 작곡가로 이난영과 결혼했다.

〈오빠는 풍각쟁이〉, 〈역마차〉, 〈선창〉 등을 작곡했고,

〈강남의 나팔수〉, 〈이 몸이 죽고 죽어〉, 〈총후의 자장가〉 등 9곡의 군국 가요를 작곡했다.

총후의 자장가

1. 울지 마라 아가야 우리 애긴 잘도 자
  아버지는 용감하게 지원병으로
  총을 메고 칼을 차고 떠나가셨다
  떠나가신 몽강 땅은 먼 곳이란다.

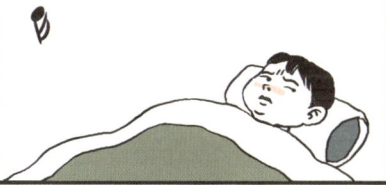

반야월(1917~2012). 가수로 데뷔해 〈꽃마차〉, 〈불효자는 웁니다〉 등을 불렀다.

본명 박창오, 가수 때 예명은 진방남!

1942년 반야월이란 예명으로 〈일억총진군〉, 〈결전태평양〉, 〈조국의 아들〉(부제: 지원병의 노래) 등을 작사했다.

일억총진군

1. 나아가자 결전이다 일어나거라
  간닌 부쿠로(棋忍袋)의 줄은 터졌다
  민족의 진군이다 총력전이다.
  피 뛰는 일억일심 함성을 쳐라

4. 대동아 재건이다 앞장잡이다
  역사는 아름답고 평화는 온다
  민족의 대진군아 발을 맞추자
  승리다 대일본은 만세 만만세

해방 후엔 〈울고 넘는 박달재〉, 〈산유화〉, 〈유정천리〉, 〈무너진 사랑탑〉, 〈열아홉 순정〉 등을 작사

이봉룡(1914~1987)은 이난영의 오빠로 〈낙화유수〉, 〈목포는 항구다〉 등을 작곡했고

군국 가요로 〈마지막 필적〉, 〈아가씨 위문〉 등 6곡을 작곡했다.

남인수(1918~1962)는 가수로 〈감격시대〉, 〈애수의 소야곡〉, 〈무정천리〉 등을 히트시켰고,

해방 후엔 〈가거라 삼팔선〉, 〈이별의 부산정거장〉, 〈산유화〉, 〈무너진 사랑탑〉 등을 히트시켰지.

군국 가요 〈강남의 나팔수〉, 〈그대와 나〉 등 7곡을 불렀다.

그대는 반도 남아 이내 몸은 야마토사쿠라~

백년설(1915~1980)은 〈나그네 설움〉, 〈번지 없는 주막〉, 〈대지의 항구〉, 〈마도로스 박〉 등을 불러 인기를 얻었다.

군국 가요로는 〈아리랑 만주〉, 〈아들의 혈서〉, 〈조선해협〉, 〈혈서지원〉 등 7곡을 불렀다.

무명지 깨물어서 붉은 피를 흘려서 일장기 그려놓고

〈역마차〉를 부른 장세정(1921~2003)은 군국 가요 〈지원병의 어머니〉, 〈지원병의 집〉 등 5곡을 불렀고 황군위문연예단으로도 활동했다.

제3장 **학도여, 성전에 나서라** ◆ 213

미술계는 총후미술전, 결전미술전 같은 전람회를 통해 침략 전쟁을 찬양하고

종군 화가, 위문, 시화 발표 등으로 협력했다.

김은호(1892~1979).

뒤늦게 경성서화미술회 제2기생으로 들어가자마자 실력을 인정받아 송병준, 윤택영 등의 초상화를 제작했다.

"오! 젊은 친구가 필력이 대단하네."

"괜찮죠? 실물보단 좀 못하지만。"

이어 순종의 어용 화사로 발탁되어 순종 어진을 그렸다.

3·1혁명과 관련해 옥고를 치렀다.

"독립신문을 배포하다가"

이후 변관식과 함께 일본에 유학하며 일본식 화법을 익혔고, 각종 전람회에서 수상했다.

"1927년 전국미술전람회 입선 1928년 동양화화전 1등 조선미술전람회 특선
…"

1941년부터 잡지 《신세대》에 중편 〈멍텅구리〉를 수차례 연재했다.

척추 장애가 있었던 구본웅(1906~1953)은 야수적 화풍으로 센세이션을 일으켰다.

"내 절친인 시인 이상."

평론가로서도 활발히 활동하며 선배 작가인 김은호, 이상범 등을 강하게 비판했다.

"김은호는 도화사 역할을 버리고 화가의 역량을 발휘하시라."

"이상범은 매너리즘에서 벗어나시고. 안 되겠지만."

"독특한 화법을 구사하고 있지만 독특함만으로 예술이 될 순 없다는 걸 알아야."

← 김환기의 구본웅 비판

"전시국민생활 체제의 확립을 위한 홍보물이네."

"미술도 전쟁에 복무해야 한다고들 난리잖아."

조선 화단의 일본 화단화를 주장하며 친일적 글을 많이 썼다.

우리들 미술인은 척극적으로 역할을 다해 사변 승리를 위해
신동아 건설을 위하여 미술의 무기화에 힘쏠 것이며,
나아가 신동아 미술의 탄생을 꾀할 것…
아, 미술인이여! 우리는 황국신민이다.
가진 바 기능을 다하여 황국에 보(報)할 것.
– '사변과 미술인', 〈매일신보〉 1940년 7월 9일 자

'조선화적 특이성', 〈동아일보〉 1940년 5월 1일 자
'채필보국의 일념', 〈매일신보〉 1940년 1월 3일 자

해방 후 친일 행위를 후회하는 글을 남기기도

언론계, 교육계, 여성계

3·1혁명의 결과 탄생한 〈동아일보〉와 〈조선일보〉는

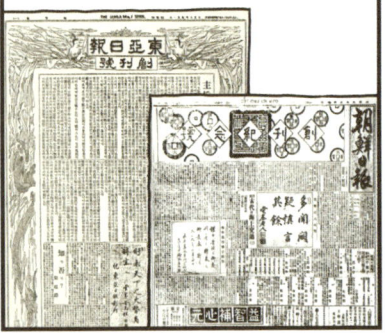

대표적인 민족지의 위상을 얻기 위해 치열하게 경쟁하면서 나름대로 독자의 요구를 충족시켜주었다.

캬! 신문은 역시 동아지.

요즘 들어선 조선이 더 화끈한 듯.

그러나 중일전쟁 이후 총독부가 황민화 정책을 강하게 밀고 나가자

〈동아일보〉와 〈조선일보〉는 노골적인 친일지로 변신해 생존을 꾀했다.

영예의 전사한 이인석 가정 방문기 전사는 남자의 당연사!

성전에 참가해 용감히 싸우는 지원병!

그러나 총독부는 여전히 만족하지 못했고

끊임없이 언론계 대표자들을 불러 요망 사항을 전달하고 지시를 내리는 등 압력을 가했다.

220 ◆ 친일과 열전

〈조선일보〉와 〈동아일보〉는 신년호에 천황 부부 사진을 싣고 축하하는 등의 변신을 보여주었다.

에이~
새해 첫날부터
눈 버렸네.

제3장 학도여, 성전에 나서라

징병제가 결정되자 〈매일신보〉에
징병 격려문을 실었으며(1943년 8월 5일)

이후로도 학병의 지원을 촉구하는 글을 비롯해
여러 차례 글을 기고했다.

반도 청년에게 순국의 길이 열렸는데
왜 학도 전원이 용감하게 지원하지 않는가?
… 또한 병정이 되면 죽는 것인 줄로 알고
겁을 먹는 자도 있는데 결국 이런 것은
문약한 데서 오는 것이므로 먼저 그 의지를
굳게 해줄 필요가 있습니다. …
– '필승의 대전장으로', 〈매일신보〉 1943년 11월 9일 자

특히 자신이 교장으로 있는 보성전문학교
학생들에게 빠짐없이 학병에 나설 것을
독려하기도 했다.

제군은 세계 무비의
황군의 일원이 되는 광영을
누리게 되었으니
학도의 기분을 버리고
군인의 마음으로
규율있는 생활을 하라.

그리고 〈매일신보〉 1943년 4월 2일 자엔
이런 기사가 실렸다.

보성전문학교 교장 김성수 씨는
금속 회수에 척성을 보여 주택의 철문 등
약 200관을 떼어 마차에 싣고 1일
해군무관부를 찾아 격멸의 탄환에
보태어달라고 헌납하였다.

해방 후 〈동아일보〉를 복간해
사장을 역임하는 한편
미 군정청 한국인고문단 의장,
보성전문학교 교장으로 있었다.

1951년엔
부통령으로
선출 되기도.
이승만에 반대해
1년만에 사임했지만.

제3장 **학도여, 성전에 나서라** ◆ 225

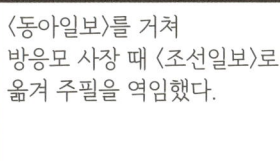

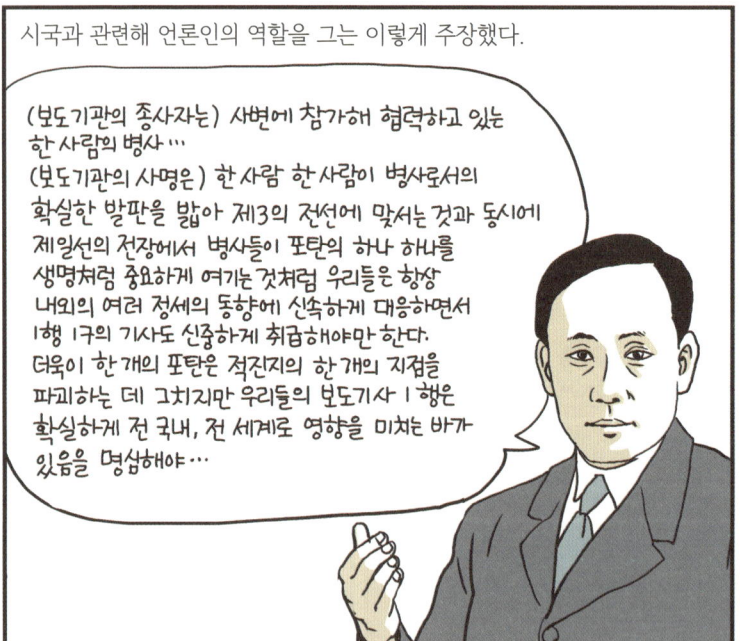

《동양지광》 이사, 《총동원》 편찬위원으로 일하는 한편, 각종 강연과 기고 활동을 이어갔다.

... 인류 역사는 이 전쟁을 계기로 하여 신기원, 신출발을 하게 될 것이다. 이 전쟁에 참렬하는 제군이야말로 세계사 창조의 성스러운 역군이라 할지니...
– '출진하는 반도인 학도에게', 《반도의 빛》 1944년 1월 호

아, 물론 국민총력조선연맹이나 조선임전보국단 등에서 간부로도 활동했고,

해방 후 한국민주당 외무부장, 정치부장 등을 역임했고 남한 단독 정부 수립에 있어서는 이승만과 정치 행보를 같이하다가

김구가 총재로 있는 단체의 청년 둘에게 암살되었다.

현상윤(1893~?).

와세다대학을 졸업하고 중앙고보 교사로 일하던 중

3·1혁명의 초기 과정을 함께했다.

그러나 재판에서 무죄 판결을 받았다.

중앙고보 교장이던 1937년, 학무국 주최 시국순회강연회의 연사로 활동했다.

국민정신총동원 조선연맹 참사, 조선유도연합회 평의원, 국민총력조선연맹 참사, 조선임전보국단 발기인 등으로 친일 단체에서 활동했고

여러 매체에 친일 글을 기고했다.

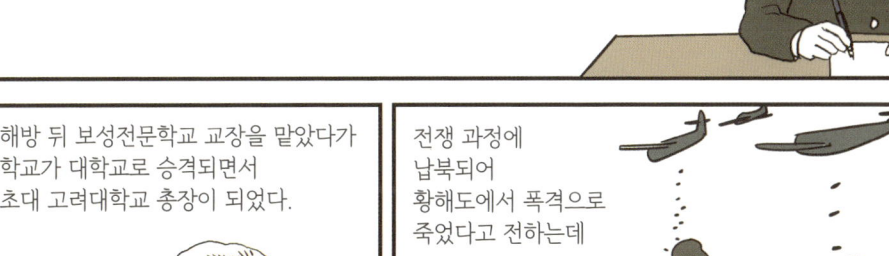

대동아전쟁 발발 이래 반도 청년의 충의는 여실히 나타나 마쓰이 오장과 가네하라 군조는 반도 청년들의 갈 바를 몸소 지시하였다. 반도의 청년들아!!
이 선배의 뒤를 따라서 몇천 몇만의 마쓰이와 가네하라가 나와주기를 바란다.
– '승리는 정신력, 신취(神鷲)를 따르자', 〈매일신보〉 1944년 12월 12일 자

해방 뒤 보성전문학교 교장을 맡았다가 학교가 대학교로 승격되면서 초대 고려대학교 총장이 되었다.

전쟁 과정에 납북되어 황해도에서 폭격으로 죽었다고 전하는데

북한에 조성된 재북 인사들의 묘엔 사망 일시가 명시돼 있다.

제3장 **학도여, 성전에 나서라** ◆ 233

백낙준(1896~1985).
미국에서 박사학위와
목사 안수를 받았다.

귀국해 연희전문 교수로 있으면서
조선어사전편찬회 발기인, 진단학회 발기인 등의
활동을 했다.

1940년부터 본격 친일 전쟁 협력 행보에 나서
임전대책협의회, 조선임전보국단에 참여하고
각종 강연회, 간담회 등을 통해 친일 발언,
전쟁 협력 선동을 이어갔다.

미영타도좌

이 전쟁은
동아 신질서의
건설을 위한 성전으로
완전히 도덕적인 전쟁이며

백낙준교수

조선예수교장로회 애국기헌납기성회
부회장으로 활동했고

애국기헌납기성회는
조선예수교장로회에서
비행기 헌납을 위해
만든 조직이죠.

〈기독교신문〉 편집위원으로 징병제를 찬양하는
글 등을 실었다.

… 우리에게 병역의 의무를 주심은 컨황께옵서 우리를
신뢰한다는 분부이옵니다. … 우리는 조국 일본을
결사 수호하고 황화(皇化)를 우내(宇內)에 펴고
황위(皇威)를 사해에 떨치옵시다.
– '내 아버지의 집', 〈기독교신문〉 1942년 5월 20일 자

해방 후 초대 연세대 총장, 문교부 장관,
국회의원 등을 역임했고 1968년엔
독립유공자 상훈 심사위원으로 활동했다.

해방 후 미 군정청 한국교육위원회 위원, 대한여자기독교청년연합회 이사장,
이화여대 초대 총장 등을 역임했다.

임숙재(1891~1961)는 숙명여전 교수로 조선임전보국단 부인대
지도위원을 맡아 각종 강연과 기고 활동을 펼쳤다.

'가정생활을 근본적으로 바로 세우자', 《총동원》 1940년 8월 호
'대동아전쟁 완수는 주부의 철저한 각오에서',
  〈매일신보〉 1941년 12월 19일 자
'필승태세하의 반도 국민에게 – 만대의 유산을 남기자',
  《반도의 빛》 1943년 4월 호

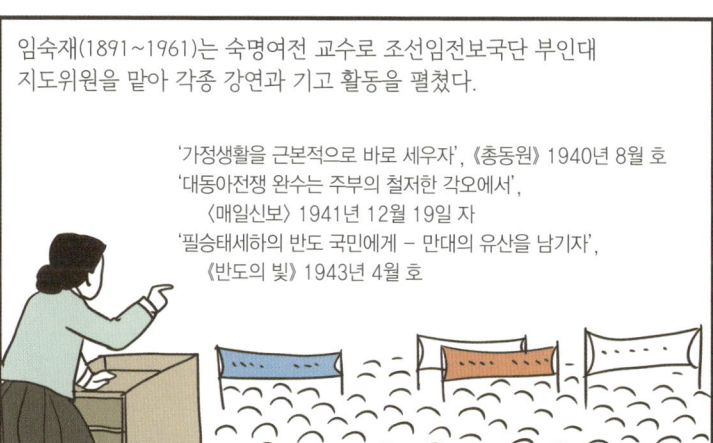

1955년 숙명여대 총장이 되었다.

황신덕(1898~1983).
경성가정여숙 숙장으로
조선임전보국단 부인대 지도위원,
국민동원총진회 중앙지도위원 등을
맡아 활동하며

자기 학교 학생들을
여자근로정신대로 차출해
일본 군수공장에 보냈다.

해방 후 과도입법의원
관선의원으로 일했고
가정법률상담소 이사장을
지냈으며, 추계학원을
설립해 이사장으로 있었다.

제3장 **학도여, 성전에 나서라**

고황경(1909~2000)은 이화여전 교수로 애국금차회 발기인, 조선임전보국단 부인지도위원 등으로 활동하면서 침략 전쟁, 황민화 정책을 지지하는 글을 다수 기고했다.

> 1943년 8월 1일은 조선에 징병제가 시행되는 날로서 우리나라 병제사 위에 영구히 기록할 만한 일인 것이거니와 … 임금님의 군사로 나서는 젊은이들, 젊은이들아. 그 집안 사람들아. 임금 위하여 참마음 하나로 일어서라 하노라.
> – 〈매일신보〉 1943년 8월 5일 자

1961년 서울여대 초대 총장

송금선(1905~1987)은 이화여전 교수, 덕성여자실업학교 교장으로 애국금차회 간사, 조선임전보국단 부인대 지도위원으로 활동했으며 다수의 친일 글을 발표했다.

> '부인부대와 지원병-여자도 훈련 필요', 《삼천리》 1941년 1월 호
> '대미 개전과 부인의 결의', 〈매일신보〉 1941년 12월 10일 자
> '가장 기꺼운 소식-우리 학병은 잘 싸운다', 〈매일신보〉 1944년 6월 4일 자

1952년 덕성여대 초대 총장

배상명(1906~1986)은 상명실천여학교 교장으로 조선임전보국단 평의원 겸 부인대 지도위원으로 징병제 찬양 글을 다수 기고하는 등 친일에 앞장섰다.

> '긴장과 용기와 신념으로 총후를 꿋꿋이 지키자', 〈매일신보〉 1941년 12월 10일 자
> '징용은 영광스러운 길, 장병의 의기로 나서기를', 〈매일신보〉 1944년 5월 26일 자
> '오직 승리 하나뿐. 우리는 총칼 대신 근로', 〈매일신보〉 1944년 8월 27일 자

1965년 상명여자사범대학 초대 학장

종교와 종교인들

1938년 9월, 조선예수교장로회는 신사참배를 결의했다.

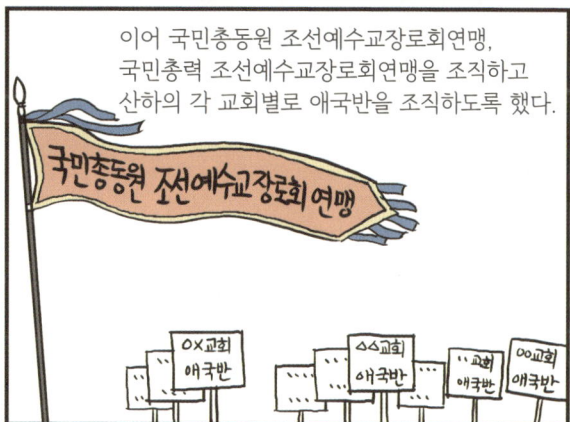

이어 국민총동원 조선예수교장로회연맹, 국민총력 조선예수교장로회연맹을 조직하고 산하의 각 교회별로 애국반을 조직하도록 했다.

애국기헌납기성회를 조직해 애국기 1대와 기관총 7정의 대금으로 15만 원을 냈으며,

기도회 등 다양한 방식의 친일 행사를 가졌다.

전승축하회 604회, 시국 강연 1,355회, 무운장구 기도회 8,953회 위문 181회를 가졌습니다.

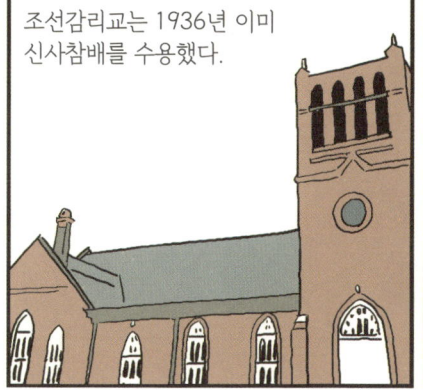

조선감리교는 1936년 이미 신사참배를 수용했다.

국민총동원 기독교조선감리회연맹, 국민총력 기독교조선감리회연맹이 조직되었고 전쟁 협력에 적극 나섰다.

제3장 학도여, 성전에 나서라 ◆ 239

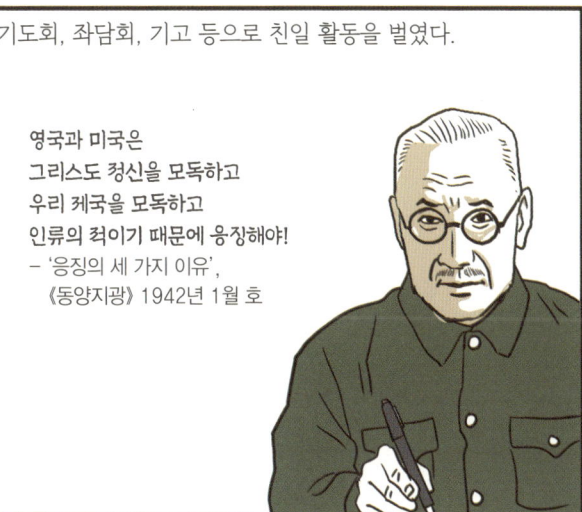

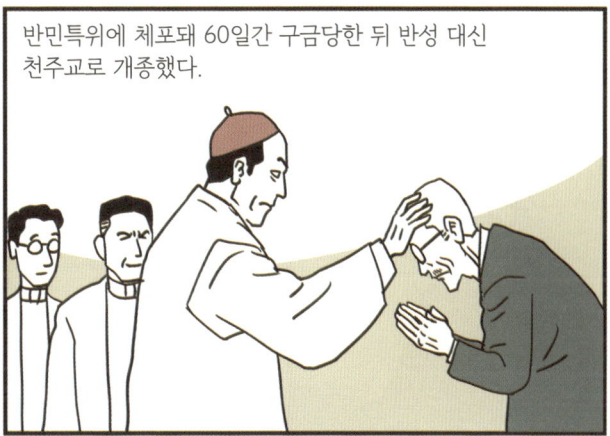

전향해 대동민우회에 가입하고 시국대응전선사상보국연맹 간사를 맡았다.

그뿐만 아니라 목사 안수를 받은 뒤 조선종교단체전시보국회 감리교 대표, 황도문화관 관장 등을 맡아보며 기독교 일본화에 앞장섰다.

"기독교의 일본화는 우리들이 올바른 국제관, 올바른 국민의식을 가질 때 가능합니다."

해방 후 초대 공보실장, 공보처장, 주말레이시아 대사 등을 맡았다.

양주삼(1879~?).

감리교 총리사로서 총독부의 설명을 받아들여 감리교가 신사참배를 받아들이도록 했다.

"예배가 아니라 국가의 제사의식이니 거부할 이유가 없지 않겠어요?"

국민정신총동원 조선연맹 평의원, 임전보국단 평의원, 일본기독교 조선교단 고문 등으로 활동하며 학병을 권유하는 등의 강연, 기고 활동을 이어갔다.

우리가 대동아 공영권 건설의 사명을 받은 것도 신의 지배 섭리로 된 것이다.
… 반도의 종교가여, 이 필승 태세하에서 상천을 믿고 그 현체이신 천황을 믿는 신앙과 우주의 지배 섭리의 신앙을 가지고 총후 민중을 지도하여…
– '신앙의 지도자가 되자', 《반도의 빛》 1942년 2월 호

해방 후 반민특위에 구속되었다가 기소 유예로 풀려났고, 전쟁 중 납북된 것으로 추정된다.

최린이 이끄는 천도교 신파는 진작부터 친일의 길에 들어섰다.

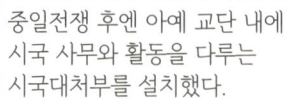
중일전쟁 후엔 아예 교단 내에 시국 사무와 활동을 다루는 시국대처부를 설치했다.

시국대처부
시국 사무와 활동이라면?
시국을 바로 인식하게 하고 제국과 총독부의 시책에 협력토록 하는 일이지.

각종 연설회, 순회강연 등을 이어갔고
천도교 시국 강연회 -시국과 반도인의 과제-

매일같이 경성역에서 출전 병사들을 환송했다.
무운장구 대동아공영권 무적 필승!!

1940년엔 신구파가 합동대회를 갖고 조선 신궁에서 합동봉고제를 치르기도 했다.

김병제(1894~?)는 신파로 시중회에 참여했고 국민총력 천도교연맹 등 친일 단체의 간부로 활동하며 다수의 강연, 기고 등을 행했다.

월북해서 1957년 최고인민회의 대의원

신앙으로 보국 충성을 다하자. 신동아 건설의 이상은 천도교의 대동방주의와 퀄커히 부합되는 이상이다. 국민 모두의 힘을 총동원하여 권력에 집중하자.
— 〈도발〉 제6호

대동아전쟁은 세계 평화의 교란자인 영국과 미국의 불의를 격멸하려는 정의의 전쟁
— 《신인간》 1943년 3월 호

정광조(1883~1951).

일본에서 유학했고 3·1혁명 당시엔 손병희를 도와 일했다.

대동방주의와 일선 융합을 표방하고 조직된 시중회의 발기인이다.

국민총력 천도교연맹 이사장 겸 평의원을 맡아 활동하는 한편 각종 강연회나 매체 기고 등으로 적극 친일에 나섰다.

> 대동아전쟁은 아등 반도인으로서 황민화하는 천재일우의 대기회인 동시에 전쟁 후 아등 반도인의 행복도 오로지 황민화에 의하여뿐 자자손손의 영광을 주리라.
> – 교령 명의로 발표한 교발 제2호

"창씨에도 앞장서서 매일신보에 미담 사례로 가족사진과 함께 소개되었지요."

해방 후 과도입법의원 관선의원으로 활동했다.

일찍부터 식민지 지배 체제에 편입된 불교는 1937년 총독부에서 열린 31본산 주지회의에서 총후 체제를 건설하기로 결의했다.

"본산 위에 참모부 역할을 하는 총본산을 세운다!"

"왜? 중앙집권 강화해 일사불란하게 체제에 협력해야 하니까!"

제3장 **학도여, 성전에 나서라** ◆ 245

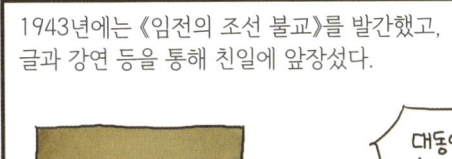

1943년에는 《임전의 조선 불교》를 발간했고, 글과 강연 등을 통해 친일에 앞장섰다.

"대동아전쟁에서 승리하는 것만이 우리 조선이 살길임을 명심해야!"

해방 후 반민특위에 체포돼 기소 유예 처분을 받았으며, 초대 동국대 총장이 되었다.

천주교와 총독부의 관계는 대체로 원만했다. 신사참배도 문제 삼지 않았다.

……

교구헌납운동을 벌이고

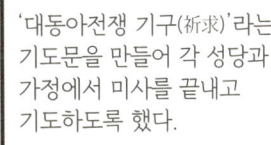

'대동아전쟁 기구(祈求)'라는 기도문을 만들어 각 성당과 가정에서 미사를 끝내고 기도하도록 했다.

"끝으로 대동아전쟁의 승리를 염원하는 기도문을 낭독하겠습니다."

천주교는 셀 수 없을 정도의 시국 관련 기원 미사, 기도회, 강연회 등을 열었다.

노기남(1902~1984). 1930년에 사제로 서품을 받았고 1942년에 경성교구장이 되었다.

국민정신총동원 천주교 경성교구연맹 이사장, 국민총력 천주교 경성교구연맹 회장 등을 역임했으며, 시국 강론, 미사, 간담회 등을 통해 전쟁 협력과 결전 태세를 독려했다.

비록 제국의 불패 태세가 확립되었을지라도 이로 만족하여 방심하지 말고
오로지 성전 목적 달성에 정신과 힘을 통째로 바칠 것이다.
이를 위하여 무엇보다도 당국에서 지도하는 바에
무언 복종할 것이요, 복종할지라도 마지못해하거나
겉으로 하는 체만 하거나 하지 말고 진심으로 나아갈지니
특히 이 점에 있어서 모든 교우들은 다른 이의 모범이 되어주기를 바라는 바다.
– 경성교구연맹이 발표한 성명 '국민총력–사변 5주년을 맞이하여'

해방 후 친미 반공 노선으로 전환해 미 군정 측에 장면 등을 추천하기도 했으며

우리 장면씨는 미국에서 유학했으며 가톨릭 신도로…

미 군정의 도움으로 〈경향신문〉을 창간했다.

정판사 위조 사건 이후 미 군정이 정판사 사옥과 시설 일체를 넘겨줘서♪

1962년 대주교로 승품되었다.

유교도 진작에 식민지 체제로 편입되었고 성균관은 폐지되어 경학원으로 대체되었다.

유학도 일본의 군국주의 유학으로.

문묘 석전 기능을 제외한 대부분의 성균관 기능은 진작에 폐지됐고,

1939년 조선유도연합회를 조직해 황도유학의 보급을 통한 황국신민화에 앞장섰다.

조선유도연합회 창립

이명세(1893~1972).

은행과 기업 쪽에서 오래 일했다.

호서은행 대리로 시작해 지점장까지 회사 이사에서 사장까지 두루~

1939년 조선유도연합회 상임참사에 선출되고 이어 상임이사, 경학원 사성에도 임명되었다.

조선유도연합회 주최의 각종 강연회에 연사로 나서서 징병제 실시와 국체명징을 선동했고

싱가포르 함락 축하 시, 미나미 총독 찬양 시 등을 기고했다. 다음은 징병제 실시를 축하하는 한시.

축 징병제 실시

집안에서 아들 난 것 중한 일임을 더욱 알고
나라 위해 죽는 것은 가벼이 여겨야 하리
우리들은 후회 없나니
하루 빨리 전란의 시대가 평화의 시대로 되기를 바랄 뿐

해방 후 성균관대 이사장, 성균관장 등을 역임했다.

재계 등

한상룡(1880~1947).

관립영어학교에서 수학하고 일본에 잠시 유학했다.

1903년 공립한성은행의 우총무로 은행계에 발을 디딘 이래

1906년 한성농공은행 설립위원, 1908년 동양척식주식회사 설립위원, 1909년 한국은행 창립위원 등을 맡아 일했다.

은행하면 한상룡이지.

1910년 한성은행 전무취체역에 선임되어 한성은행을 일약 조선인이 경영하는 최대 은행으로 성장시켰다.

조선 귀족들이 받은 은사공채를 이용했더니 대폭 증자가 되어 가능했지.

이후 1914년 경성부협의회 회원, 1915년 조선물산공진회 협찬회 평의원, 1916년 대정친목회 발기인, 평의원 등을 역임했다.

1919년 4월 조선군 사령관 우쓰노미야 다로를 만나 3·1혁명에 대처할 방법을 의논하고 12개조의 의견서를 제출했다.

이후로도 그의 이력은 화려하기 그지없다.

1919년 경성교풍회 회장
1920년 조선실업구락부 창립, 이사장
1922년 조선철도협회 평의원 및 이사
1924년 동민회 전형위원 겸 감사
1927년 중추원 참의
1929년 전선공업협회 발기인
1930년 일본과 조선 유력자들로 구성된 토요회 간사
1932년 조선방송협회 이사
1933년 경기도회 부의장, 조선신궁봉찬회 발기인 및 부회장

중일전쟁 이후에도 여전했다.

애국금차회 발기인회 좌장, 조선지원병제도 제정축하회 발기인 겸 실행위원,

국민정신총동원 조선연맹 이사, 육군지원병후원회 평의원, 배영국민대회 상담역, 조선유도연맹 상무이사, 국민총력조선연맹 이사, 중추원 고문, 조선임전보국단 고문, 조선방송협회 상무이사, 일본제국의회 귀족원 의원 …

육군특별지원병제 실시에 환영 담화를 발표하고

제국 신민이 된 긍지를 심후히 하고 더욱 진충보국해야!

징병제 실시 당일엔 〈매일신보〉에 '다년의 염원 달성'이란 제목의 축하 글을 발표했다.

반도에 불타는 애국심과 척성(赤誠)으로 말미암아 드디어 약진 반도의 통치 사상에 획기적인 징병제도가 실시되었다. 금일 반도 청년이 모두 폐하의 고굉이 되고 국가의 간성이 될 수 있는 날을 맞이하게 된 것은 무상의 영예로서 참으로 홍은에 대하와 공구 감격할 뿐… 어버이나 아들이나 자진하여 훌륭한 군인이 되기를 기약하지 않으면 안 된다.
— 〈매일신보〉 1943년 8월 1일 자

해방후 얼마 안돼 사망.

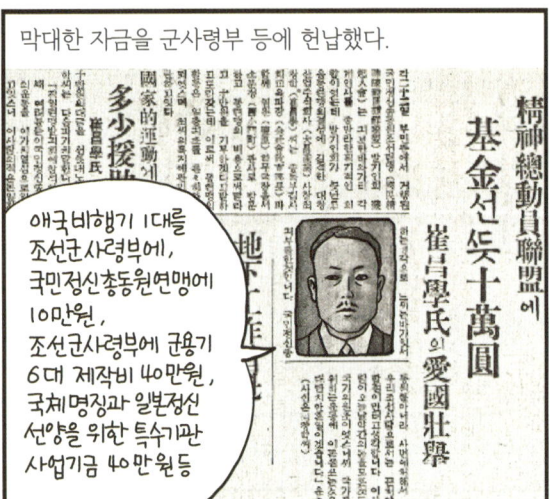

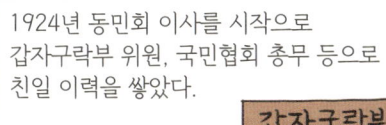

1944년 9월엔 일본 수상의 '조선에 대한 처우 고려' 발언이 나오자 처우감사총궐기전선(全鮮) 대회의 준비위원 및 대표로 개회 선언을 했다.

실로 감사하고 또 감사한 언명입니다.

해방 후 반민특위 재판에서 7년 형을 구형받고 1년 6월 형을 선고받았다.

징역 7년에…

박춘금 (1891~1973).

밀양 출신으로 어려서 일본으로 건너가 직공, 광부, 노무자 등을 전전하다가

폭력배로 성장해 일본의 우익 조직 흑룡회 계열의 야쿠자와 인연을 맺었다.

1920년 도쿄에서 이기동 등과 함께 상구회(이듬해 상애회로 개칭)를 조직하자

상애회

의지할 데 없는 조선인들이 상애회 우산 밑으로 많이 들어왔다.

내건 명분과는 달리

조선인 노무자들을 위한 직업 소개, 공동 숙박소 건설 애로 사항 해결!

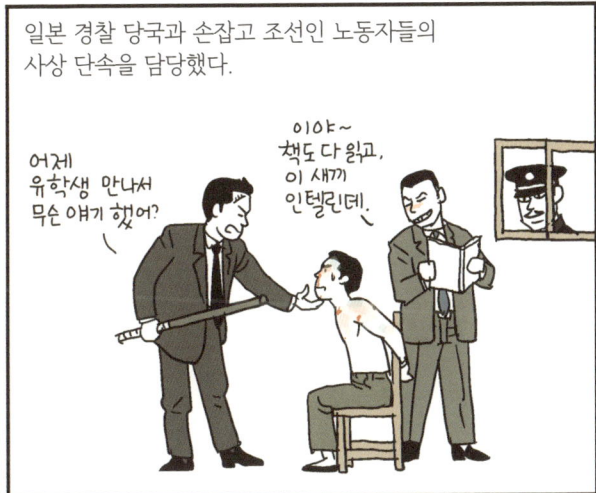

대학에 재학 중이던 외아들을 지원병으로 보냈다.
"대일본제국의 남아답게! 알겠느냐?"

1945년 6월 대의당을 창당해 당수에 취임했고
"진충보국과 대아시아주의 깃발 아래!"
축! 대의당 창당

부민관에서 아시아민족분격대회를 열었으나 조문기 등이 미리 준비해놓은 폭탄이 터져 대회는 엉망이 돼버렸다.
亞細亞民族憤激

해방 후 일본으로 도피했다가 슬그머니 들어왔으나 반민특위법이 통과되자 다시 일본으로 갔고 일본에서 일생을 마쳤다.

문명기(1878~1968).

서른 살에 제지공장을 차려 돈을 벌었고
"이 돈으로 새로운 투자를…"

이후 수산업, 광산 등에도 투자해 부자가 되었다.

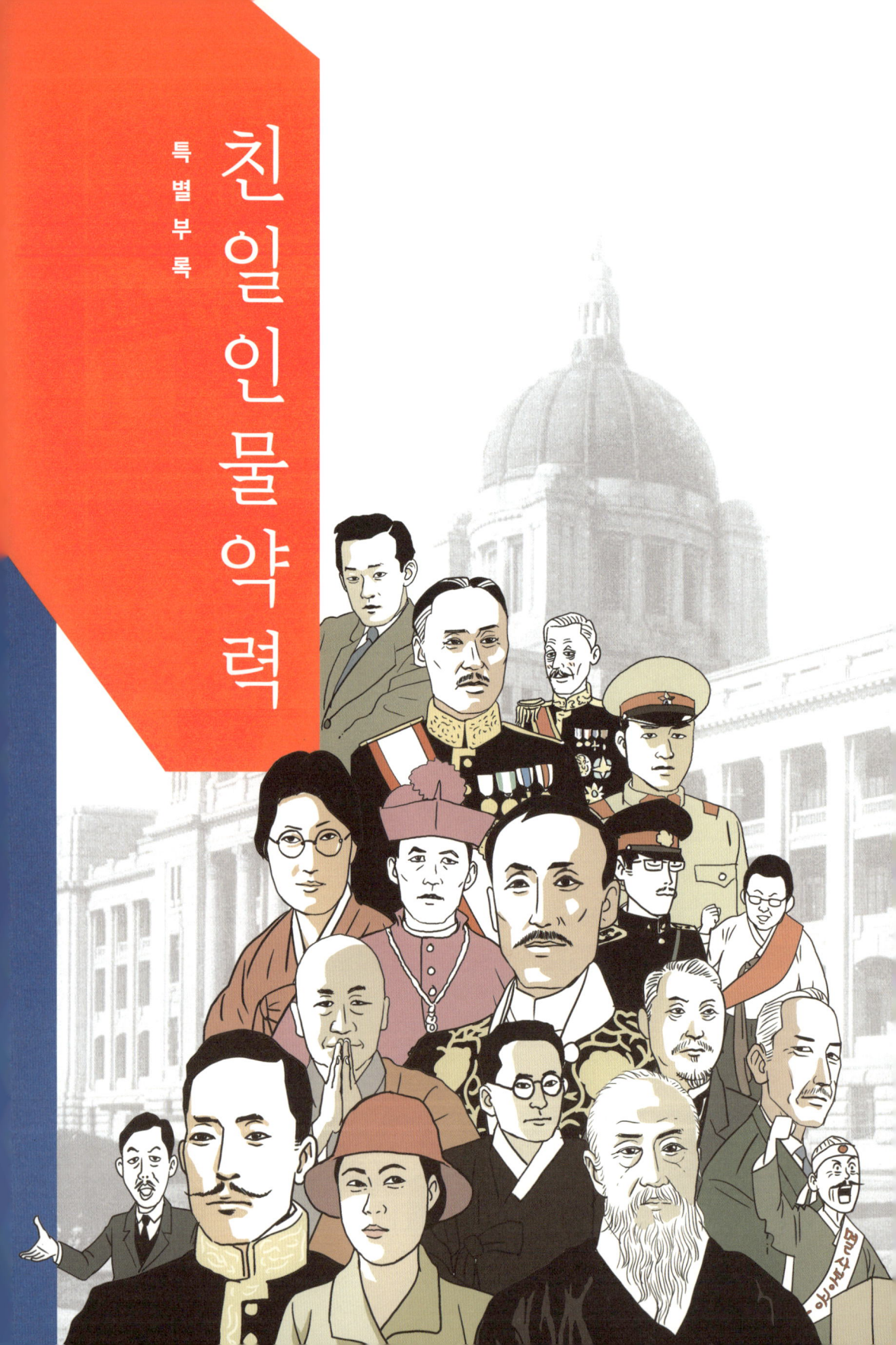

특별부록

친일 인물 약력

신봉조 신흥균 신태악 신언준 안익태 양주삼 엄인섭 유승렬 유재흥 유진오 유치진 윤덕영 윤상
필 윤치호 윤택영 이각종 이경식 이광수 이규원 이근택 이명세 이무영 이범익 이병무 이봉룡 이상범
이상협 이성근 이성재 이완영 이완용 이용구 이재호 이종욱 이종찬 이주일 이지용 이진호 이하영 이항구 이
해승 임선준 임숙재 임학수 장덕수 장석주 장세정 장우성 정광조 정비석 정인과 정일권 정춘수 조명암 조민희
조병상 조중응 조택원 주요한 채만식 최남선 최린 최명하 최석현 최승희 최창학 한상룡 현상윤 홍사익 홍순봉 홍준
표 황신덕 황종률 황철 갈홍기 고영희 고황경 구본웅 권상로 권중현 권혁주 김경승 김기진 김기창 김대우 김동인 김동
한 김동환 김백일 김복수 김사철 김석기 김석범 김석원 김성수 김성태 김연수 김은호 김응조 김인승 김준영 김창룡 김창
영 김태석 김태진 김해송 김활란 나웅 남인수 노덕술 노수현 노천명 모윤숙 문명기 문예봉 민규식 민대식 민영기 민영린 민
영휘 민원식 민형식 민형식 박부양 박상준 박석윤 박시춘 박영철 박영효 박영희 박정희 박제순 박중양 박춘금 박흥식 반야월 방응모
배상명 배정자 백낙준 백년설 백선엽 백철 서정주 서춘 선우순 손목인 손영목 송금선 송병준 송석하 송종헌 신봉조 신응균 신
태영 신현준 안익태 양주삼 엄인섭 유승렬 유재흥 유진오 유치진 윤덕영 윤상필 윤치호 윤택영 이각종 이경식 이광수 이규원
이근택 이명세 이무영 이범익 이병무 이봉룡 이상범 이상협 이성근 이성재 이완영 이완용 이용구 이재호 이종욱 이종찬 이주일
이지용 이진호 이하영 이항구 이해승 임선준 임숙재 임학수 장덕수 장석주 장세정 장우성 정광조 정비석 정인과 정일권 정춘
수 조명암 조민희 조병상 조중응 조택원 주요한 채만식 최남선 최린 최명하 최석현 최승희 최창학 한상룡 현상윤 홍사익 홍
순봉 홍준표 황신덕 황종률 황철 갈홍기 고영희 고황경 구본웅 권상로 권중현 권혁주 김경승 김기진 김기창 김대우 김동인
김동한 김동환 김백일 김복수 김사철 김석기 김석범 김석원 김성수 김성태 김연수 김은호 김응조 김인승 김준영 김창룡
김창영 김태석 김태진 김해송 김활란 나웅 남인수 노덕술 노수현 노천명 모윤숙 문명기 문예봉 민규식 민대식 민영기
민영린 민영휘 민원식 민형식 박부양 박상준 박석윤 박시춘 박영철 박영효 박영희 박정희 박제순 박중양 박춘금
박흥식 반야월 방응모 배상명 배정자 백낙준 백년설 백선엽 백철 서정주 서춘 선우순 손목인 손영목 송금선
송병준 송석하 송종헌 신봉조 신응균 신태영 신현준 안익태 양주삼 엄인섭 유승렬 유재흥 유진오 유치진
윤덕영 윤상필 윤치호 윤택영 이각종 이경식 이광수 이규원 이근택 이명세 이무영 이범익 이병무
이봉룡 이상범 이상협 이성근 이성재 이완영 이완용 이용구 이재호 이종욱 이종찬 이주일
이지용 이진호 이하영 이항구 이해승 임선준 임숙재 임학수 장덕수 장석주 장세정
장우성 정광조 정비석 정인과 정일권 정춘수 조명암 조민희 조병상 조중응
조택원 주요한 채만식 최남선 최린 최명하 최석현 최승희 최창
학 한상룡 현상윤 홍사익 홍순봉 홍준표 황신
덕 황종률 황철

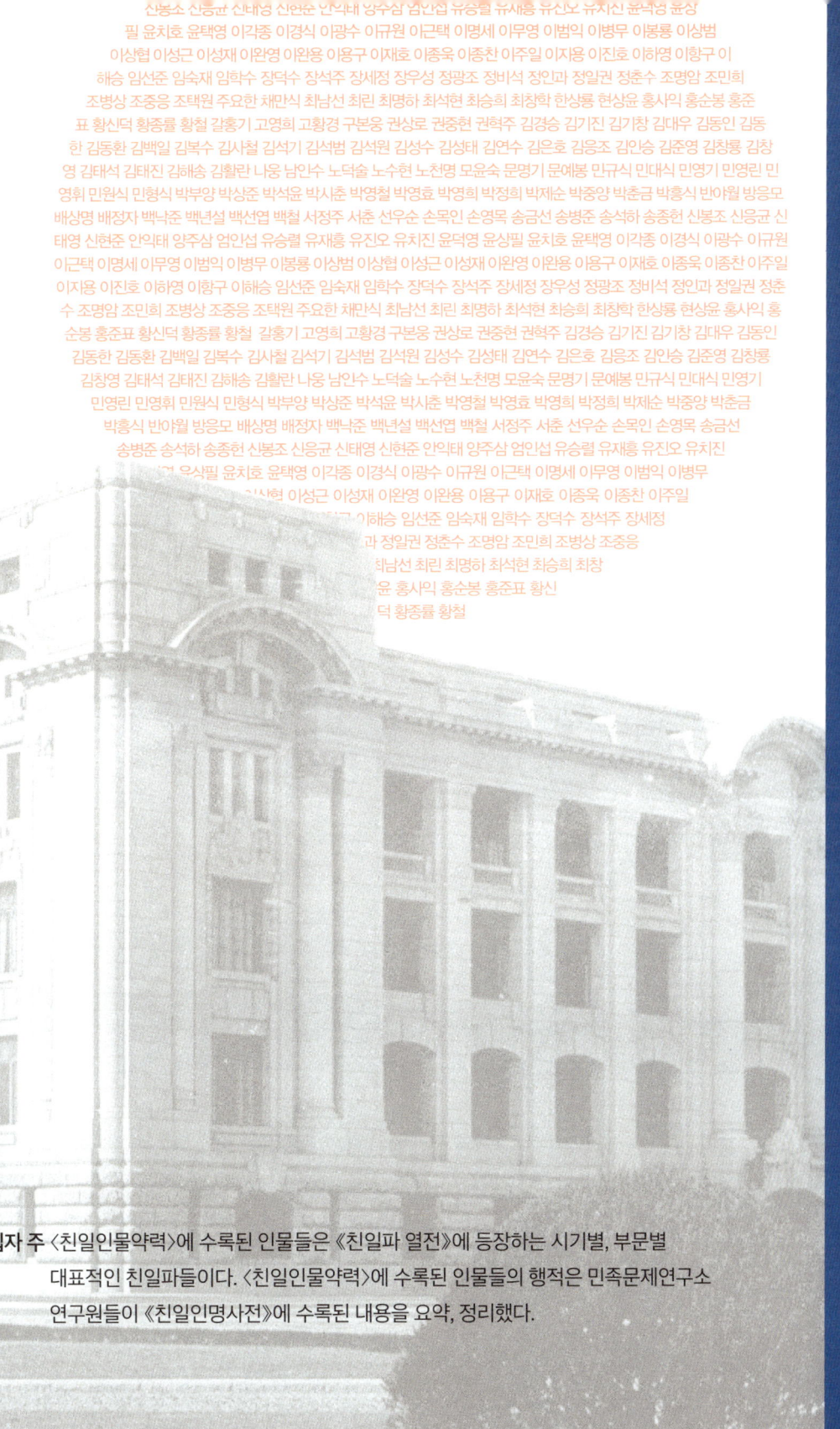

편집자 주 〈친일인물약력〉에 수록된 인물들은 《친일파 열전》에 등장하는 시기별, 부문별
대표적인 친일파들이다. 〈친일인물약력〉에 수록된 인물들의 행적은 민족문제연구소
연구원들이 《친일인명사전》에 수록된 내용을 요약, 정리했다.

갈홍기 1904~1989

종교인. 경기도 강화 출신으로 배재고등보통학교, 연희전문학교를 거쳐 미국에 유학했다. 1931년 개렛신학교 졸업 후 노스웨스턴대학교 대학원을 거쳐 1934년 시카고대학에서 철학박사학위를 받았다. 유학 중 아메리카 대한인유학생총회 회장을 맡았고, 흥사단에도 가입했다. 1934년 귀국해 연희전문학교 교수직을 맡았다. 또 흥사단의 국내 단체인 동우회 회원으로도 활동하다 1937년 수양동우회사건으로 체포됐다. 1938년 기소 유예 처분을 받은 뒤 전향 성명서를 제출하며 교수직에 복귀했고 이후 점차 친일 행보를 걷기 시작했다. 1941년 목사 안수를 받았다. 1942년부터 기독교의 일본화와 기독교 혁신 과제로서 내선일체 이념의 철저를 주장했다. 1943년 일본기독교 조선감리교단의 연성국장 및 상임위원으로 임명됐으며 학병 권유 활동을 위해 조직된 조선종교단체전시보국회의 감리교 대표를 맡아 각지를 돌며 권유 강연을 했다. 1945년 일본기독교 조선교단의 종교교육국장으로서 식민 통치에 협력했다. 해방 후에는 숙명여자대학교 교수로 재임하다가 정부가 수립되자 초대 공보실장으로 취임했다. 1951년 한일회담 대표, 1952년 외무부 차관, 1953년 공보처장을 맡았으며, 1957년 동명학원 이사장 등을 역임했다. 미국에서 1989년 사망했다.

고영희 1849~1916

관료. 1907년 이완용 내각의 탁지부대신일 때 헤이그특사사건을 빌미로 고종의 강제 퇴위에 앞장서는 한편 정미조약 체결에 동조해 이완용 등과 함께 정미칠적으로 지탄을 받았다. 이후 탁지부대신, 법부대신 등 고위 관료를 역임하다가 1910년 탁지부대신으로서 토지조사국 총재를 겸임했으며, 한일 강제 병합에도 적극 관여해 경술국적이 됐다. 이러한 공로로 후에 일제로부터 자작 작위와 10만 원의 은사금을 받았다. 1910년 강제 병합 후 조선총독의 자문 기구인 중추원 고문을 지내며 1916년 사망 때까지 매년 1600원의 수당을 받았다.

고황경 1909~2000

교육자. 서울 출신으로 황해도 은진의숙을 졸업한 후 경성여자고등보통학교에 입학해 1924년 졸업했다. 이후 일본에 유학해 도시샤여자전문학교 영문과를 1928년에 마친 직후 도시샤대학 법문학부에 진학해 1931년 졸업했다. 이어서 미국으로 유학해 미시간주립대학 대학원에서 경제학 석사과정을 1933년 마치고, 1935년 같은 대학원 사회학 박사과정을 수료한 후 귀국했다. 1937년에 철학박사학위를 취득했다. 미국에서 귀국 후 이화여자전문학교 교수로 부임해 1944년까지 법학, 경제학, 영어 등을 가르쳤다. 1936년 조선총독부 사회교육과가 주최한 사회교화 간담회에 참석한 뒤부터 친일 단체에 참여하고 일제에 적극 협조하며 각종 강연회와 좌담회에 참석했다. 1937년 방송교화선전협의회 주관의 라디오 방송 부인 교육 강좌 강사로 나서 황민화 정책을 적극 홍보했고, 애국금차회가 창단될 때 발기인으로 참여해 간사를 맡았다. 이외에 조선총독부 학무국에 설치된 조선부인문제연구회를 비롯해 국민정신총동원 조선연맹, 국민총력조선연맹, 국민총력 조선예수교장로회총회연맹 등 주요 전쟁 협력 단체의 각종 강연반의 강사를 맡아 해방 때까지 여성들을 대상으로 한 가정 전시 보국 등을 강연했다. 또 신문과 잡지 등에 여성을 대상으로 징병 참여를 선전하고 일제의 침략 전쟁을 미화하는 글을 발표했다. 해방 후에는 경기공립고등여학교 교장, 미 군정 보건후생부 부인국장을 지냈다. 1957년부터 이화여자대학교 사회학과 교수를 지냈고 1958년 대한어머니회를 창립했다. 1961년 서울여자대학교 설립 때 초대 학장에 취임해 명예학장까지 지내다 1989년 명예총장에 취임해 사망 시까지 재임했다. 1963년 해방 제18주년 문화포장, 1970년 국민훈장 동백장 등을 받았다.

구본웅 1906~1953 화가. 서울 출신으로 부유한 가정에서 태어났으나 두 살 무렵 사고로 척추 장애를 얻어 평생 등이 굽은 채로 살았다. 경신고등보통학교 재학 시절 미술에 입문했으며, 고려미술회에서 조소 작가 김복진에게 수학했다. 1927년 조선미술전람회에서 특선을 차지한 후 일본에 유학했고 1928년 일본 가와바타미술학교를 거쳐 1929년 니혼대학 미학과, 1933년 다이헤이요미술학교를 졸업했다. 국내 복귀 후 목일회, 백만회 등의 조직 창립에 기여했으며, 종합 문예지《청색지》를 창간하고 지면을 통해 이상과 이육사 등의 작품을 알렸다. 전시 체제기에 들어서면서 시국관과 예술관의 변화를 보였다. 1939년 조선 화단을 일본 화단화하자는 주장을 언론에 기고했으며, 미술인들이 일제에 봉사해야 한다는 논리를 담은 '조선화적 특이성'과 같은 글을 발표했다. 특히 1940년〈매일신보〉에 발표한 '사변과 미술인'에서는 미술의 무기화, 황국신민 등을 주장하며 일제에 적극 협력하는 모습을 보였다. 해방 후에 미 군정청 문교부 편수국에서 미술 과목 편수사로 있었으며, 1953년 2월 사망했다.

권상로 1879~1965 종교인(승려). 경상북도 문경 출신으로 18세 때 출가해 문경 김룡사 승려가 됐으며, 이후 불교전문강원을 수료했다. 강원도 고성군 건봉사에 위치한 봉명학교 운영에 관여했으며, 김룡사 경흥학교와 성의학교에서 강사로 후진을 가르쳤다. 1911년 문경 대승사의 주지로 임명됐다. 1912년 조선불교월보사의 편집인 겸 발행인으로서《조선불교월보》를 창간하고 발행했다. 1917년 기자 자격으로 조선총독부가 후원한 불교시찰단의 일본 시찰을 함께했다. 1924년부터 불교사 사장으로 취임해 조선불교중앙교무원 기관지인《불교》를 창간해 발행했다. 1931년부터 1944년까지 중앙불교전문학교에서 강사와 교수로서 학생들을 가르쳤다. 1935년부터 불교계의 친일화와 맞물려 구체적인 친일 행적을 하기 시작해, 조선총독부에서 전개한 심전개발운동에 연사와 필자로 참여했다. 1937년 중일전쟁 발발 후 개최된 각종 시국 강연에서 청년 승려 징병을 거론하는 등 친일 및 전쟁 협력을 주장했다. 1939년 국민정신총동원 조선연맹의 참사로 재임했고, 1941년 조선임전보국단 발기인으로 참여했다. 해방이 될 때까지 신문과 잡지 등에 지속적으로 불교계의 친일을 주장하고 일제의 침략 전쟁을 합리화하는 주장을 펼쳤다. 해방 후 동국대학교 교수를 맡았다. 1949년 반민특위에 체포됐고, 1953년 동국대학교 초대 총장에 취임했다. 이 외에도 국사편찬위원회 위원, 중앙불교연구원장, 대한불교조계종 원로원장 등을 맡았다. 1962년 국가재건최고회의 의장으로부터 문화포장을 받았다.

권중현 1854~1934 관료. 1905년 11월 을사조약 체결에 주도적으로 참여해 을사오적에 이름을 올렸다. 이후 군부대신, 법부대신, 농상공부대신 등을 역임하며 각종 이권을 일본에 넘겨주고 의병을 진압하고, 친일 단체에 관여하는 등 반민족 행위에 앞장섰다. 1907년 2월 나인영, 오기호 등이 이끄는 오적 암살단에게 습격을 받았으나 미수에 그쳐 목숨은 건졌다. 1910년 10월 조선 총독의 자문 기구인 중추원 고문에 임명됐고, 국권피탈에 앞장선 공로를 인정받아 자작 작위와 함께 은사 공채 5만 원을 받았다. 1920년대에 조선사편찬위원회와 조선사편수회 고문을 맡았으며, 친일 단체 동민회 정회원이었다. 1934년 사망 당시에도 중추원 고문을 맡고 있었다.

권혁주 1911~2001 법조인. 경상북도 예천 출신으로 경성제이고등보통학교를 1931년 졸업하고 일본 메이지대학 법학부에 재학 중이던 1937년, 일본 고등문관시험 사법과에 합격했다. 1938년 대학을 졸업하자마자 일본 사법성에 채용돼 만주국 사법관으로서 신징지방법원에서 근무했다. 1939년 만주국 신징지방법원 및 신징구법원 고등관시보로서 일을 시작했다. 그해 12월 만주국 사법과 고등관(심판관) 적격 고시에 합격해 1940년 옌지지방법원 및 옌지구법원에서 후보심판관(예비판사), 심판관(판사)을 차례로 지냈다. 이 시기 만주의 조선인 유력자들과 함께 일제 협력을 목적으로 한 흥아청년구락부를 조직하고 청년을 대상으로 대동아 건설, 황도 사상 등을 주제로 교육과 연구사업을 추진했다. 1941년 진저우지방법원 및 진저우구법원 근무 중 팔로군에 협조한 민간인들을 대상으로 사형을 선고했다. 1943년 심판관을 사임한 후 일본으로 돌아가 대정익찬회에서 활동했다. 1945년 재일 조선인 통제 기구인 중앙흥생회의 지도과장을 지냈고, 또 재일 조선인 친일 유력자들과 함께 조선인 노동자를 강제 동원해 군수 시설 공사 등을 진행하던 일심회에서 총무부장으로 활동했다. 해방 후 일본에 남아 재일본 대한민국거류민단 외무부장, 총무부장 등을 맡았고 1961년부터는 단장을 맡아 1967년까지 재임했다. 1965년 한일회담 대표단의 고문으로 위촉됐다. 1967년 귀국해 1971년 서울에서 변호사를 개업했다. 1971년 제8대 국회의원 선거에 공화당 소속으로 당선됐다. 1973년 통일주체국민회의에서 제9대 국회의원으로 선출됐으며 1979년 3월까지 직을 유지했다. 1979년 4월 일본으로 돌아간 후, 2001년 사망했다.

김경승 1915~1992 조각가. 경기도 개성 출신이다. 1933년 송도고등보통학교 졸업과 동시에 일본으로 건너가 도쿄 가와바타미술학교에서 수업을 받은 후 1934년 관립 도쿄미술학교 조각과 소조부에 입학했다. 재학 중부터 조선미술전람회에 참가해 출품 2회째부터 특선을 받기 시작했다. 1941년 전쟁 협력 기구인 국민총력조선연맹 산하의 조선미술가협회 평의원으로 있었다. 1942년 제21회 조선미술전람회 출품작 〈여명〉이 총독상을 수상했다. 이와 관련한 〈매일신보〉 인터뷰에서 "재래 구라파 작품의 영향과 감상의 각도를 버리고 '일본인의 의기와 신념'을 표현하는 데, 새 생명을 개척하는 대동아

전쟁하에 조각계의 새 길을 개척하는 것"이 가장 중대한 문제라 했다. 즉, 망치를 어깨에 메고 노동 현장으로 나서는 젊은 남자 노동자를 표현한 〈여명〉은 1944년 제23회 조선미술전람회에 추천작가로서 출품한 〈제4반〉의 작업 도구를 어깨에 멘 반라의 여성 노동자와 마찬가지로 전시 동원된 노동자를 조각 작품으로 표현하면서 후방에서의 총동원을 이끌어 내고자 하는 의도를 담고 있었다. 해방 후에 친일 행위로 인해 조선미술건설본부 참가가 불허됐다. 풍문여중 교무주임으로 있으면서 1948년 서울시 교육위원회가 조직한 예술위원회에 선임됐으며, 1949년 서울시 문화위원회 9인에 포함되어 조소 예술가로서는 유일하게 국전(國展) 창설위원 겸 심사위원으로 활동했다. 또 중등 미술 교과서를 발간함으로써 해방 후 미술 교육의 뼈대를 세웠다. 1950년 풍문여고 교장을 지냈고, 홍익대 미술대학이 세워진 뒤 교수로 부임했다. 부산시 용두산 공원과 국회의사당 로비 등에 이순신 장군상을 만들었고, 1957년 대한민국미술전람회에 〈맥아더장군상〉을 출품했다. 1959년 안중근 의사, 김구 선생 등 항일 민족 투사의 인물상을 제작했으며, 1963년 국립4·19민주묘지에도 여러 조형물을 제작했다. 이후 도산공원의 안창호상, 덕수궁의 세종대왕상, 종묘 이상재상, 황토현 전봉준 동상 등을 제작하기도 했다.

김기진 1903~1985

시인, 평론가. 충청북도 청원 출신으로 일제강점기에 충청북도 지역에서 군수를 지낸 김홍규의 아들이자 조각가 김복진의 동생이다. 배재고등보통학교에 재학 중이던 1920년 일본으로 갔다. 이해 〈동아일보〉에 시 〈가련아〉를 발표해 등단했다. 일본에서는 1921년 릿쿄대학에 입학했으나 사회주의 사상과 문학에 더 관심을 가졌다. 1922년 형 김복진과 재도쿄조선인유학생 연극 단체인 토월회 결성에 참여하고, 1923년 귀국 공연을 위해 졸업하지 않고 귀국했다. 귀국한 해에 《개벽》에 〈프로므나드 상티망탈〉을 발표하면서 평론가로 정식 등단했고, 또 문학 동인지 《백조》의 창립에 참여했다. 1924년 파스큘라, 1925년 카프의 창립회원이었으며 이후 다수의 시, 수필, 비평문을 발표했다. 〈시대일보〉, 〈중외일보〉, 〈조선일보〉 등의 기자로 언론 활동도 펼쳤다. 1934년 '카프 제2차 검거사건'으로 검거돼 10일 만에 석방됐다. 1938년 조선총독부 기관지 〈매일신보〉 사회부장으로 취직해 1940년까지 근무했다. 1938년 조선 총독의 호남과 남해안 시찰을 수행하며 〈매일신보〉에 수행기를 실었다. 1939년 조선총독부 외곽 단체인 조선문인협회의 발기인으로 나섰고, 1943년 총독부의 지시로 조선문인협회 외 세 단체가 통합된 조선문인보국회가 출범하자 평론수필부회 평의원을 맡았다. 1945년 '문필보국'을 목적으로 발족된 조선언론보국회 이사를 맡았다. 이 외에 태평양전쟁 등 침략 전쟁을 찬양하는 글을 발표하고 학병과 징병을 선동, 권유하는 등 많은 친일 활동을 했다. 해방 후 '애지사'라는 출판사를 운영하며 다수의 수필집과 역사 소설을 남겼다. 1949년 반민특위가 공개한 미체포자 명단에 포함됐다.

김기창 1913~2001

화가. 서울 출신이다. 8세에 병을 얻어 청각을 잃었다. 승동보통학교를 1930년 졸업하고 마지막 왕실 화가였던 김은호 문하에서 그림을 배웠다. 입문 6개월 만에 김은호의 영향과 총애를 받았으며, 1931년부터 조선미술전람회에서 입선해 1936년까지 연속으로 입선했다. 또 1937년부터 1940년까지 4년간 연속으로 특선을 차지하면서 27세의 나이로 조선미술전람회 추천작가의 반열에 올랐다. 미술계에서 큰 성공을 거둔 상태에서 스승인 김은호와 마찬가지로 적극적인 친일의 길을 걸었다. 일제 군국주의에 동조하면서 전쟁 협력과 전시 정책을 홍보하는 내용의 작품을 발표했다. 1942년부터 친일 미술전인 반도총후미술전, 조선남화연맹전, 결전미술전람회에 〈총후병사〉, 〈천마〉, 〈적진육박〉 등 결전 의지와 전쟁열 고취를 선동하는 작품들을 출품했다. 1943년 징병제 실시를 축하하며 조선 청년들의 전쟁 참여를 독려하고자 〈매일신보〉가 연속 게재한 '님의 부르심을 받고서'라는 시화 연재물의 삽화 작가로 참여했다. 해방 후 동양화에 추상예술의 풍조를 가미해야 한다는 취지의 주장을 펴면서 현대동양화운동을 폈다. 1946년 아내인 우향 박내현과 함께 우리나라 최초의 부부 미술전을 개최했고, 1960년 홍익대학교 미술과 교수직을 맡았으며 1969년부터 1975년까지 대한민국미술전람회(국전) 심사위원으로 활동하는 등 화단과 교육계에서 꾸준히 활동했다. 이 외에도 세종대왕, 을지문덕, 조헌 등 역사 인물의 초상화를 제작해 표준 영정으로 지정받았다. 2001년 금관문화훈장이 수여됐다.

김대우 1900~1976

관료. 평안남도 강동 출신으로, 1921년 일본에 유학해 규슈제국대학 공학부 채광학과에서 수학하고 1925년 졸업했다. 1926년 조선총독부 임야조사위원회 서기가 되어 내무국에서도 근무를 겸했고 1928년 평안북도 박천군수에 임명돼 친일 관료의 길을 걷기 시작했다. 1930년 총독부 이사관으로 승진했고 평안북도 내무부 산업과장, 1932년 경상남도 산업부 산업과장을 거쳐 1934년 1월 조선총독부 학무국 사무관으로 승진해 사회과장으로 재직하면서 조선사편수회 간사를 맡았으며, 같은 해 내선일체를 표방하는 천도교 단체인 시중회의 발기인으로 참여했다. 1936년 조선총독부 학무국 사회교육과장에 취임하고, 재직 중이던 1937년 중일전쟁이 발발하자 전쟁의 정당성을 홍보하는 시국강연회 계획을 수립하고 집행했으며 황국신민서사 제정 계획을 입안했다. 1938년 국민정신총동원 조선연맹 이사에 선임됐으며, 조선청년단의 단장직을 맡았다. 1939년부터는 전라남도 내부무 내무부장으로 재직하면서 친일 선전을 위한 순회강연의 연사로 활동하고, 군용 물자 공출, 국방헌금과 병기 헌납 등 중일전쟁을 위한 전시 업무에 적극적으로 참여했다. 1943년 전북도지사, 1945년 경북도지사에 취임했다. 각 도지사 시절 국민총력조선연맹 전북연맹 회장 및 조선군의용대 경상북도 총사령도 맡았다. 해방되는 당일까지도 조선의 독립은 어렵다는 내용을 도청 직원들에게 훈시했다. 해방 후 반민특위에 체포됐으나 증거 불충분으로 무죄 석방됐고, 1960년 제5대 참의원 선거에 출마했으나 낙선했다.

김동인 1900~1951

소설가. 평안남도 평양 출생으로 1914년부터 일본 도쿄학원, 메이지학원, 가와바타 미술학교 등에서 수학했다. 1919년 2월 도쿄에서 우리나라 최초의 문예 동인지 《창조》를 주요한 등과 창간하고, 여기에 단편소설 〈약한 자의 슬픔〉을 발표하며 등단했다. 3·1혁명이 일어나자 1919년 3월 5일 귀국했고, 3·1혁명 격문을 기초한 혐의로 구속됐다가 6월 26일 풀려났다. 1923년 창작집《목숨》을 출판하고, 1924년에는《창조》의 후신인《영대》를 창간해 발행했으며, 1931년〈동아일보〉에 장편소설《젊은 그들》을 연재하는 등 활발한 문예 활동을 벌였다. 1933년에 잠시〈조선일보〉학예부에서 근무했다. 1938년 2월 4일 자〈매일신보〉에 쓴 산문 '국기'에서부터 내선일체와 황민화를 선전하는 글쓰기를 시작해 일제에 협력했다. 1939년에는 직접 조선총독부 학무국을 찾아가 중국 전장의 일본군 위문을 제안해 스스로 위문문단사절로 활동했다. 또 태평양전쟁을 지지하며 학병과 징병을 적극 선동하는 등 친일 반민족 행위를 펼쳤고 친일 소설 및 산문을 여러 편 남겼다. 해방 당일까지 조선총독부 정보과장을 찾아가 시국에 공헌할 방도를 제안했다. 해방 이후인 1946년 1월 전조선문필가협회 결성을 주선했고, 작품 활동을 이어갔다. 1949년 7월 중풍에 걸렸고, 1951년 1·4후퇴로 가족들이 피난을 떠난 이후 홀로 남아 세상을 떠났다.

김동한 1892~1937

만주 친일 단체 회장. 1910년 간도로 이주해 이동휘 등 민족운동가들과 함께 항일운동을 시작했으며 1911년에 러시아 하바롭스크 육군유년학교에 입학했고, 1913년에 러시아 이르쿠츠크사관학교에 입학해 1916년 졸업과 동시에 러시아군 장교로 복무했다. 1917년 러시아혁명 후 러시아공산당에 가입해 모스크바정치학교를 수료했고, 1921년 고려공산당 군사부 위원 등 여러 활동을 했다. 1922년 반유태인운동에 참가했다가 공산당에서 제명되고 투옥됐다. 석방 후 중국 군벌 우페이푸 휘하에 잠시 있다가 1924년 소련 홍군에게 체포돼 일본영사관으로 인도됐다. 1925년 조선으로 귀환된 뒤 적극적인 친일 활동에 나섰다. 1931년 간도의 친일·반공 사회·정치 단체인 민생단을 조직할 때 잠시 참여했다. 1934년 일본 옌지헌병대가 만주 일대 항일 세력 파괴와 민간인 통제를 위한 조선인 중심의 특수 외곽 조직 결성을 결정하며 이를 조직하도록 하자 간도협조회를 만들고 회장이 됐다. 특히 이 시기 과거 공산주의 운동에서 전향한 인물들을 간도협조회 일원으로 적극 참여시켜 중국공산당 내에서 활동하는 조선인 공산당원과 항일 부대원을 살해·체포하거나 전향시켰다. 또 전향자들을 적극 활용해 항일군 파괴 공작을 펼쳤고, 직접 부대를 이끌고 항일 부대와 전투도 수행했다. 이로 인해 수천 명의 독립운동가들과 유격대원들이 살해되거나 일제에 체포되고 투항했다. 이 외에도 관동군 및 만주국 협화회에서 여러 직책을 맡아 항일운동 파괴 작업을 지속했다. 1937년 동북항일연군 제8군 제1사 정치부 주임 김근 부대와 교전 중 사망했다.

김동환 1901~?

문인. 함경북도 경성 출신으로 본명은 김삼룡이다. 1926년 김동환으로 개명했다. 1916년 중동중학교에 입학해 4학년이던 1920년, 시〈이성규와 미〉가 한 현상 모집에서 1등 당선돼《학생계》에 실렸다. 1921년 도쿄의 도요대학 문화학과에 입학했고, 1922년에는 재일조선노동총동맹 중앙집행위원으로 활동했다. 1923년 9월 관동대지진을 계기로 학업을 중단하고 귀국해 시 창작에 매진했고, 1924년 《금성》에 시 〈적성을 손가락질하며〉를 실으며 등단했다. 1925년 한국 신시 사상 최초의 장편서사시 《국경의 밤》을 펴내 높은 평가를 받았다. 다른 한편으로 〈동아일보〉, 〈시대일보〉, 〈조선일보〉 등에서 기자로도 일했고, 1925년부터 카프 활동도 했다. 1927년 프롤레타리아 연극 단체 '불개미극단'을 창단했으며, 1929년 종합 월간지 《삼천리》를 창간하고 발행인 겸 편집인을 맡았다. 1930년 신간회 중앙집행위원에 선출됐고, 이를 이유로 검속됐다 풀려났다. 1939년 미나미 총독이 발표한 '새로운 동양의 건설'을 《삼천리》에 싣고, 같은 해 조선총독부에서 결성한 조선문인협회에 발기인이자 이사로 참여하면서 본격적으로 친일의 길을 걸었다. 1940년 여러 연사의 친일 연설문 모음집인 《애국대연설집》을 발행했으며 친일을 내용으로 하는 글을 다수 발표하고 조선인의 황민화를 강조하는 대중 강연 활동에 나섰다. 국민총력조선연맹 문화부 위원 및 간사로 활동했으며 1943년 조선문인보국회 상임이사직을 맡았다. 조선임전보국단 발기인 및 간사로도 활동하는 등 각종 전쟁 동원 단체에서 간부로 활동하면서 각종 강연에 연사로 나서고 잡지, 신문 등에 침략 전쟁을 찬양하는 시와 글을 기고했다. 해방 후 반민특위에 자수해 공민권 정지 5년을 선고받았다. 한국전쟁 중에 납북됐다.

김복수 1872~1950

대표적인 친일파 윤덕영 자작의 처로 1928년 쇼와 천황 즉위 기념으로 대례기념장을 받았다. 1937년 8월 일본군의 중일전쟁을 후원하기 위한 목적으로 만들어진 애국금차회의 회장직을 맡았다. 귀족 또는 고위 관료의 부인이나 여류 명사로 구성된 애국금차회는 국방헌금 모금, 전사상자 위문이나 조문 등의 활동을 전개했다. 애국금차회 간부들이 조선군사령부 후카자 중장에게 패물을 증정하는 모습을 화가 김은호가 〈금차봉납도〉로 그려 미나미 조선 총독에게 증정하기도 했다.

김사철 1847~1935

관료. 경기도 수원에서 태어났다. 1878년 문과에 응시해 을과 2위에 올랐다. 이후 성균관 사성, 통리교섭통상사무아문 주사, 홍문관 부교리 등을 맡았다. 1888년 주차미국참무관으로 부임했다가 1889년 사복시정에 임명돼 귀국했다. 여러 직을 거쳐 1893년 성균관 대사성을 지내다 주차일본관리대신에 임명돼 도쿄에 다녀왔다. 이후 병조·공조·이조참판 등 두루 요직을 거쳤다. 대한제국 시기에는 왕실 업무를 총괄하던 궁내부의 특진관을 수차례 지내고 중추원 찬의, 규장각 제학 등을 맡았다. 1910년 강제 병합 후 조선귀족령에 따라 남작 작위를 받았고, 1911년 2만 5,000원에 달하는 은사 공채도 받았다. 작위를 받은 것에 기뻐하며 밤을 새워 큰 잔치를 열었다고 전해진다. 1912년 8월 일본 정부로부터 한국병합기념장을 받았다. 1915년 조선총독부의 식민 지배 5년을 기념하는 조선물산공진회에 30원을 기부했으며, 1929년 식민 통치 20주년을 기념하는 조선박람회에 300원을 기부했다. 1935년 사망했으며 작위는 장남 김석기에게 이어졌다.

김석기 1874~1956 관료. 서울에서 태어났고 김사철의 아들이다. 1888년에 열린 식년시에서 진사로 합격해 1895년 장릉 참봉을 시작으로 1902년 영친왕부 전위, 1904년 영친왕부 전독을 지냈다. 1907년 학부 서기관, 관립 한성일어학교 교장을 거쳐 1908년 관립 한성사범학교 교장으로 임명됐고 1910년까지 재임했다. 1914년 아버지인 남작 김사철의 작위 상속자로 선정되어 종5위의 서품을 받았다. 1928년 쇼와 대례기념장을 받았으며 1935년 아버지 김사철이 사망하자 남작 작위를 이어받았다. 1939년 일제 협력을 위한 정신운동을 추진하고자 조선총독부 지원으로 설립된 조선유도연합회에서 평의원으로 활동했다. 1941년 손자와 사위가 일본군에 지원병으로 자원하자 이를 영광으로 여긴다는 소감을 발표했다. 해방 후 1949년 8월 반민족행위 특별조사위원회에 자수했다.

김석범 1915~1998 군인. 평안남도 강서 출신으로 1934년 신징사범학교를 졸업하고 1936년 만주국군 장교 양성 기관인 펑톈의 중앙육군훈련처, 즉 펑톈군관학교에 입학해 1937년 제5기생으로 졸업하고 만주국군 소위로 임관했다. 1939년 졸업 성적 우수자로서 일본 육군사관학교 본과에 유학해 1940년 제54기로 졸업했다. 만주국으로 돌아와서는 만주국군 중위로 진급하고, 간도특설대에서 정보반 책임자로 활동했다. 정보반은 주로 팔로군, 항일 지하공작원, 민병의 활동과 주민들의 동태를 정찰하고 체포·학살하기 위해 정보를 제공하는 임무를 맡았다. 때로는 정보 수집을 넘어 항일 무장 세력이나 민간인을 직접 체포·심문하고 학살했다. 이 같은 간도특설대 활동의 공로로 1943년 만주국으로부터 훈6위 주국장을 받았고, 간도특설대 재직 중 상위(대위)로 진급했다. 일제 패망 후 조선인 출신 만주군 장교들이 주축이 되어 만든 신징보안사령부에 참가했고, 곧이어 정일권의 뒤를 이어 신징보안사령부 사령관을 맡았다. 1946년 신징보안사령부 전원을 이끌고 귀국했다. 같은 해 조선해안경비대 장교로 임관해 1950년 조선해안경비대 묵호기지사령관과 진해통제부 참모장을 지냈다. 6·25전쟁이 발발하자 펑톈군관학교 동기 신현준의 강력한 요청으로 해병대로 전과했다. 1953년 제2대 해병대 사령관을 맡아 약 4년간 재임했다. 1960년에 해병대 중장으로 예편한 후 재향군인회 부회장, 한국기계 사장, 성우회 부회장 등을 지냈다. 1998년 사망 후 대전국립현충원에 묻혔다.

김석원 1893~1978 군인. 서울 출신으로 1908년 대한제국 무관학교에 입학했다. 1909년 7월 무관학교가 일제에 의해 폐지되자 9월 일본 육군 중앙유년학교 예과 2년에 편입됐다. 중앙유년학교를 마치고 1913년에 일본 육군사관학교에 입학했다. 1915년 제27기로 졸업하면서 일본군 육군 소위로 임관해 일본에서 보병 제4사단 제61연대에 배속됐다. 1919년 중위로 승진한 뒤 조선군 제20사단으로 전속됐고, 1925년 대위로 승진했다. 1931년 일본이 만주를 침략하자 제20사단 제78연대 기관총대대장으로 참전해 헤이룽장성 일대에서 전쟁을 수행했다. 1937년 중일전쟁이 발발하자 중국전선으로 출전해 베이징 인근의 난위안전투에서 공적을 세우며 일약 중일전쟁의 영웅으로 떠올랐다. 1939년 조선에 전쟁 영웅으로 돌아와 전국을 돌면서 침략 전쟁을 선전하고 조선인의 전쟁 참여를 독려하는 강연을 벌였다. 잠시 일본 히로시마, 중국 산둥성 등에 배치됐다가 1944년 육군 대좌로 진급한 후 조선군사령부 평양병사부에 배속돼 군사 훈련 등의 업무를 담당했다. 해방이 되기까지 전쟁수행을 선전하고 학병 등을 권유하는 강연을 지속했다. 중일전쟁에서의 무공으로 1942년 욱일중수장을 받았다. 해방 후 월남했으며 일본군 출신들을 모아 육해공군동지회를 조직하고 스스로 회장직에 올랐다. 1948년 육군사관학교를 특임 제8기로 졸업하고 대령 임관해 제1사단장을 맡았으나 1949년 북한산 북어를 밀무역해 이익을 챙긴 일명 '북어사건'이 발생하자 예편했다. 1950년 6·25전쟁이 발발하자 현역 복귀해 수도사단장, 제3사단장을 역임하고 1956년 육군 소장으로 예편했다. 이후 본인이 설립한 원석학원의 이사장직에 있었다.

김성수 1891~1955

교육·언론인. 호는 인촌. 전라북도 고창에서 태어났다. 1908년 일본으로 유학을 가 1914년 와세다대학 정경학부를 졸업하고 귀국했다. 1915년 중앙학교를 인수, 1917년 교장에 취임했다. 1919년 3·1혁명에 참여하고, 10월에 조선총독부로부터 경성방직 설립 인가를 받았다. 1920년 〈동아일보〉를 설립해 사장이 됐다. 1922년 물산장려운동, 1923년 조선민립대학 기성회에 참여하는 등 실력양성운동에 매진했다. 이후 〈동아일보〉 및 경성방직에 관여하다 1929년 재단법인 중앙학원을 설립하고 이사를 맡았다. 1931년 중앙고등보통학교 교장 취임, 1932년 보성전문학교 인수 및 교장 취임 외에 각종 단체에서 위원, 이사 등을 맡아 다양한 활동을 했다. 1936년 일장기말소사건의 여파로 동아일보사에서 물러났다. 1937년 중일전쟁의 의미를 널리 확산시키기 위해 조선총독부 학무국 사회교육과 주도로 마련된 경성방송국의 라디오 시국 강좌의 강사로 참여해 시국 강연을 한 이후 지속적으로 각종 시국 강연에 연사로 참여했다. 또 군용기 제작비 등 고액의 국방헌금을 헌납했고, 1938년에 일제가 만든 전시 통제 기구인 국민정신총동원 조선연맹 발기인으로 참여해 이사를 맡았으며, 1941년 국민총력조선연맹의 이사 및 평의원에 선임되는 등 각종 전쟁 협력 및 지원 단체에서 다양한 직책을 맡았다. 1943년에 조선징병제 실시가 결정되자 학도 지원병을 고무하고 징병제 참여를 독려하는 글을 많이 써서 발표했다. 해방 후 1945년 미 군정청 한국인고문단 의장으로 활동했고, 1946년 한국민주당 수석총무로 선출됐다. 1947년 반탁독립투쟁위원회 부위원장으로 신탁통치반대운동을 지도했다. 1949년 한국민주당과 대한국민당을 통합한 민주국민당 창당을 주도했고, 1951년 국회에서 제2대 부통령으로 선출됐으나 부산 정치 파동에 항의하며 1952년 사표를 던졌다. 1962년 건국훈장 대통령장을 수훈하나 친일 경력으로 2018년 서훈이 취소됐다.

김성태 1910~2012

음악가. 서울 출신이다. 1929년 경신중학교에 다니며 광주학생항일운동 시위에 참여했다가 3일간 구류되고 퇴학당했다. 1931년 연희전문학교 상과에 운동부 특기 장학생으로 입학했고, 재학 중이던 1934년에《김성태 동요작곡집》제1집을 출간했다. 1935년 연희전문학교를 졸업하고 일본 도쿄고등음악학교 작곡부에 입학했고, 1939년 졸업 후 귀국해 경성방송국 위탁으로 편곡을 담당했다. 1941년 내선일체를 실천하기 위해 일본 농촌에 파견됐던 조선 청년들의 활약상을 일기 형식으로 기록한 영화〈농업보국대〉에서 작곡과 지휘를 담당했다. 1942년 '국민음악 보급의 정신대'로 활동하기 위해 중진 음악가들로 조직된 경성후생실내악단 창립 멤버로서 작곡과 편곡을 담당했다. 이후 조선인 총력 동원을 위해 열심히 활동했고, 1943년 만주국 신징으로 이주해 영화 음악을 제작했다. 1944년 침략 전쟁을 선동하는〈바다〉,〈배〉등의 작품을 작곡해 발표했다. 해방 직후 조선문화건설중앙협의회 음악건설부 의원 및 작곡부 위원장을 지냈다. 1946년 경성음악연구원이 경성음악학교로 개칭되면서 교수로 활동했고, 경성음악학교가 서울대학교 음악대학으로 개편되자 1976년 정년 퇴임 때까지 근무했다. 1991년 대한민국 예술원 회장을 역임했다.

김연수 1896~1979 기업인. 전라북도 고창 출신으로, 1921년 교토제국대학 경제학부를 졸업했다. 귀국 후 1922년에 형 김성수가 운영하던 경성방직에 상무이사 겸 지배인으로 취임한 것을 시작으로 경성직뉴주식회사(중앙상공주식회사의 전신), 삼수사(삼양사의 전신), 해동은행 등에서 주요 역할을 맡았다. 조선총독부의 권유로 함평, 고창 일대에서 대규모 간척사업을 하는 등 다수의 농장을 설립했고, 형 김성수가 설립한 재단법인 중앙학원에 이사로 참여했다. 1935년 경성방직 제2대 사장으로 취임해 경영 전면에 등장하면서 각종 조선총독부 조직에 참여하고 성금을 헌납했다. 경기도가 사상 선도와 사상범 전향을 목적으로 조직한 소도회의 상무이사를 비롯해 조선총독부 조선산업경제조사회 위원, 조선석유회사 이사, 조선실업구락부 감사 등을 역임했다. 일제가 주도하는 각종 분야에 다양하게 거액을 헌금했으며, 그 대가로 일본 정부가 주는 감수포장을 받았다. 삼양사와 경성방직의 만주 펑톈 출장소 및 사무소를 개설해 사업 영역을 만주까지 확장했고, 이를 계기로 1939년 경성 주재 만주국 명예총영사에도 임명됐다. 1940년 국민정신총동원 조선연맹을 개편한 국민총력조선연맹 이사를 맡았으며 1942년 중추원 칙임관 대우 참의로 임명돼 해방 때까지 수당을 받았다. 전쟁 협력 단체 흥아보국단 상임 준비위원, 조선임전보국단 준비위원 등을 맡아 조선임전보국단 운동 자금으로 박흥식 등과 함께 20만 원을 기부했고, 조선임전보국단 결성 당시에는 상무이사를 맡았다. 1942년 일본군의 마닐라 함락을 기념해 삼양사 4만 원, 경성방직 4만 원, 중앙상공주식회사 1만 5,000원, 삼양상사주식회사 5,000원 등 10만 원을 모아 국방 자재비로 기부했다. 1943년 국민총력조선연맹 징병기념사업 실행위원으로 위촉돼 일본에 있는 조선인 유학생의 학병 지원을 선동했으며, 1944년 징병제와 학도지원병 실시에 적극 협력한 공으로 조선군 참모장으로부터 감사장을 받았다. 해방 이후 경성방직 경영에서 물러나 삼양사 경영에 전력을 기울였다. 1949년 반민특위에 체포되나 병보석으로 풀려나 무죄를 선고받았다.

김은호 1892~1979

화가. 인천 출신으로, 1912년 근대적 화가 양성 기관인 경성서화미술회 제2기생으로 편입하자마자 친일 유력자들의 초상화 제작으로 유명해져 순종의 어용 화사로 발탁됐다. 1919년 3·1혁명 당시 〈독립신문〉을 배포하다 체포돼 옥고를 치렀지만, 1921년 첫 서화협회전 참여 이후 그림에만 전념했다. 1925년부터 도쿄미술학교 교수 유키 소메이에게 사사받았는데, 유키는 서양화법을 접목시킨 일본 화풍의 선구였다. 1922년 제1회 조선미술전람회 참여를 시작으로 몇 차례 수상했던 그의 작품 경향은 당시 일본에서 유행하던 채색 화풍을 따른 것이었다. 1920년대 후반부터는 후배 양성에 관심을 가지고 관련 단체를 결성 운영했고, 1937년에 조선미술원을 설립했다. 같은 해 일본군의 중일전쟁을 후원하기 위한 목적으로 만들어진 애국금차회 간부들이 조선군사령부에 패물을 증정하는 모습을 그린 〈금차봉납도〉를 미나미 조선 총독에게 증정했다. 대작이었던 〈금차봉납도〉는 군국주의 경향을 보여준 첫 작품이었다. 1941년 일제를 위한 '화필보국 및 회화봉공'을 목적으로 하는 조선미술가협회의 일본화부 평의원을 맡았다. 이외에도 각종 어용 단체에서 개최하는 국방 기금 마련 전시회와 전람회에 빠지지 않고 참여했다. 해방 직후 결성된 조선미술건설본부에는 친일 활동 경력으로 참여하지 못했다가 대한미술협회와 대한민국미술전람회에는 주도적으로 참여하며 미술계에 영향력을 행사했다. 정부 요청으로 역사 속 위인 등의 초상화 다수를 그렸다.

김응조 1906~1996

군인. 강원도 고성 출신이다. 1932년 만주 동북하얼빈교도학교 장교반을 졸업한 후 만주국이 초급장교 양성을 위해 펑톈에 설립한 중앙육군훈련처(펑톈군관학교)에 1935년 입학해 1936년 제4기로 졸업했다. 1936년 만주국군 기병 소위로 임관해 국경감시대에서 활동했다. 해방 후 경찰에 투신해 전라북도 경찰국장을 지냈으나 1946년 불법 행위와 죄수 학대 등으로 해임됐다. 대한민국 정부가 수립되자 육군사관학교 제7기로 특별 입학한 뒤 육군 제101사단장, 중부지구 정비사령관, 육군 제2군사령부 정보처장 등을 역임한 뒤 육군 준장으로 예편했다.

김인승 1910~2001

화가. 경기도 개성 출신으로 어릴 때부터 그림에 재능이 있어 학생 미술전에서 항상 입상했다. 친일 조각을 다수 남긴 김경승의 형이다. 1931년 일본으로 유학을 가 1937년 도쿄미술학교 유화과를 수석으로 졸업했다. 재학 중이던 1935년 조선미술전람회에서 〈나부〉로 창덕궁상을 수상해 조선의 천재라 불렸다. 이후 친일 미술 단체인 조선미술가협회 서양화부 평의원과 반도총후미술전 추천작가 등으로 활동하며 친일 미술인의 길을 걸었다. 1941년 국민총력조선연맹 문화부 위원으로 있으면서 경성미술가협회를 결성했다. 같은 해 경성미술가협회를 조선미술가협회로 명칭을 바꾸었고, 그즈음 김기창, 심형구, 김경승 등 조선인 미술인과 다른 일본인 화가들과 함께 구신회에 참여했다. 구신회는 채화보국의 열의로 총후의 대작을 망라한다는 목적으로 설립된 친일 미술 단체였다. 1943년 조선과 일본 미술인 등 총 27명이 성전 아래 미술 보국에 매진할 목적으로 결성한 단광회에 참여했고, 다른 화가들과 함께 공동으로 조선징병제 시행 기념 기록화를 제작했다. 이후 해방되기 전까지 군국주의 찬양과 전쟁 참여를 선동하는 다양한 작품과 삽화를 발표했다. 해방 후 조선미술문화협회 결성에 앞장섰으며, 1947년 이화여대 교수로 부임해 1974년까지 재직했다. 이 외에도 대한민국 미술전람회 심사위원, 대한미술협회 부회장, 한국미술협회 이사 및 이사장을 역임하며 대한민국 아카데미즘 미술 형성에 엄청난 영향을 끼쳤다. 1968년 3·1문화상, 1969년 대한민국 문화훈장 동백장을 수상했다. LA 거주 중 2001년 사망했다.

김준영 1907~1961

작곡가. 황해도 해주 출신으로 김기방, 김해암 등의 예명을 썼으며 대중음악을 작곡했다. 1930년 해주제일보통학교 훈도를 그만두고 일본 도쿄 무사시노음악학교에서 공부했다. 1933년 일본에서 귀국해 본격적인 음악 활동을 시작했다. 경성방송국 라디오 방송에 피아노 연주가로 출연했고, 가수 이난영의 데뷔곡인 〈시드는 청춘〉을 작곡해 태평레코드사에서 발표했다. 1934년부터 콜롬비아레코드사 전속 작곡가로 활동하며 〈처녀총각〉, 〈개나리고개〉, 〈마의 태자〉, 〈먼동이 터온다〉, 〈추억의 소야곡〉, 〈청춘타령〉, 〈사랑에 속고 돈에 울고〉, 〈홍도야 우지 마라〉 등의 작품을 발표했다. 1940년 경성방송국 촉탁에 취임했고, 일본 영화사 쇼치쿠키네마에서 영화 음악 중심으로 작곡 활동도 시작했다. 1937년경부터 일제의 침략 전쟁을 찬양하고 조선인의 전쟁 동원을 적극 권장하는 군국 가요들이 발표됐는데, 김준영이 작곡한 것은 〈반도의용대가〉, 〈승전가〉, 〈어머니가 노래한다〉, 〈일본남아〉 4곡이 확인된다. 1941년 전쟁 동원 선전 영화인 〈지원병〉에서도 음악을 맡았다. 해방 후 일본에 거주하면서 음악 활동을 한 것으로 알려져 있으나 어떻게 생활했는지에 대해서는 상세히 알려진 것이 없다. 1961년 일본에서 사망한 것으로 전해진다.

김찬규(김백일) 1917~1951

군인. 고향은 함경북도 명천이나 북간도 옌지에서 태어났다. 본명은 김찬규인데 해방 후 김백일로 개명했다. 1935년 서울 보성중학교를 졸업하고 만주로 돌아가 1936년 만주국 장교 양성 기관인 중앙육군훈련처, 즉 평톈군관학교에 입학해 1937년 제5기로 졸업했다. 같은 해 만주국군 보병 소위로 임관해 독립군 토벌 부대인 간도특설대 창설에 깊이 관여하고 해방 때까지 복무했다. 간도특설대는 간도 지역 및 그 일대에서 동북항일연군과 팔로군 토벌 작전을 벌여 수많은 항일 무장 세력과 민간인을 살상했고, 많은 이들을 체포했으며 강간·약탈·고문을 자행했다. 이러한 공로를 인정받아 1943년 만주국 정부로부터 훈5위 경운장을 받았다. 일제의 항복도 모른 채 1945년 8월 20일까지 팔로군과 접전을 벌이다 며칠 후 중국 진저우에서 해단식을 갖고 고향으로 귀환했다. 해방 후에는 남한으로 들어오면서 개명을 했다. 1946년 군사영어학교를 졸업한 후 육군 부위(중위)로 임관했고, 국방경비대 제3연대를 창설하고 중대장에 임명됐으며 이후 국방경비대 연대장을 맡았다. 1947년 육군 소령에 진급하고 국방경비사관학교 교장, 특별 부대 사령관 등을 맡았다. 1948년 여순사건을 진압하고 1949년 옹진지구전투사령관으로 옹진반도전투를 지휘했다. 1950년 6·25전쟁이 발발하자 육군 준장으로 제1군단장을 맡았으며, 10월 육군 소장으로 진급했다. 1951년 3월 비행 중 대관령 인근에서 사고로 사망했고, 이후 육군 중장으로 추서되고 태극무공훈장을 받았다. 1966년 서울국립현충원 장군묘역에 안장됐다.

김창룡 1916~1956

일본 헌병. 함경남도 영흥 출신이다. 일본 관동군 헌병대 군속으로 근무하다 1941년 관동군 헌병교습소에서 교육을 마치고 헌병보조원이 되어 조선과 중국의 항일 조직을 정탐하는 임무를 담당했다. 1941년 소련-만주 국경 부근에 파견되어 중국공산당과 소련에 대한 첩보 활동을 수행했고, 1943년 지하공작을 통해 중국공산당 거물 왕진리 검거에 결정적인 공을 세웠다. 관동군 헌병대는 왕진리를 이용해 조직원 50여 명을 체포했다. 이 공로로 헌병 오장으로 특진했다. 1943년에는 공장 지대를 중심으로 암약하면서 50여 건이 넘는 항일 조직을 적발했다. 일제 패망 후 고향인 영흥으로 돌아왔으나 소련군정에 의해 전범으로 체포돼 사형 선고까지 받았다. 이때 탈출해 월남에 성공한 후 국방경비대 제5연대 사병으로 입대했다. 여기에서 정보하사관으로 복무 중 만주군 대위 출신인 부연대장 김백일의 추천으로 1947년 조선경비사관학교(육군사관학교의 전신)에 제3기로 입교했다. 1947년 소위로 임관했고, 국방경비대 제1연대 정보주임 보좌관으로 임명돼 이른바 숙군 작업을 대대적으로 벌이고 좌익 세력 숙청에 주력했다. 1948년 여순사건이 일어나자 남로당 군사부 책임자 이재복, 박정희 등을 검거하고 소령으로 특진했다. 1949년 7월까지 숙군 작업으로 군 병력의 5퍼센트에 달하는 4,749명을 처벌했는데, 이 과정에서 극단적 반공주의와 성과주의로 무고한 사람들을 고문·조작했다는 비난을 받았다. 1949년 육군 정보국 방첩대 대장으로 임명됐고, 중령으로 진급했다. 방첩대장으로 임명된 직후에 김구 암살사건이 발생하자, 범인 안두희를 특무대 영창으로 범행 당일 이감해 특별 배려하면서 배후 은폐에 가담했다. 안두희 감형과 군 복귀에 직접 관여했으며 대령 예편 이후에도 후견인 역할을 맡았다. 1950년 6·25전쟁이 발발하자 경남지구 방첩대 대장으로 임명됐고, 10월에 군·검·경 합동수사본부장으로 부임했다. 대령 진급 이후 서울을 중심으로 부역자 처벌을 주도했으며, 이로 인해 이승만 대통령의 절대적 신임을 얻었다. 많은 조작사건으로 사람들에게 피해를 입혔다는 비판을 받고 합동수사본부가 해체되자, 육군 특무부대장으로서 이승만 대통령의 적극적인 지원 아래 각종 공안사건을 지휘했다. 그가 처리한 수많은 공안사건의 상당수는 정치적 목적이나 개인적 성과주의에 의해 조작됐다는 강력한 비판을 받는다. 육군 특무부대장으로 군대 내 후생 차량 부정과 군 장병 월동용 원면 불법 매각사건을 조사하던 1956년에 과거 부하였던 육군 대령 허태영의 사주를 받은 사람들의 총격으로 사망했다. 사망 당일 육군 중장으로 추서됐고 최초의 국군장으로 장례가 치러져 사설 묘역에 안장됐다. 묘비 앞면 묘주명은 이승만 대통령이 썼고, 묘갈명은 사학자 이병도가 지었다. 1998년 특무부대 후신인 국군기무사령부의 각별한 노력으로 대전현충원에 이장됐다.

김창영 1891~1967

경찰, 관료. 평안북도 강계 출신이다. 1916년 교토 리츠메이칸대학 법과를 졸업했고, 1917년부터 평안북도 강계군 공북면장을 지냈다. 이후 강원도 경찰부장의 추천으로 경찰계에서 활동하기 시작했다. 1922년 강원도 경찰부 경무과 경부보로 근무하다가 1923년 경부로 승진했고, 1930년 고등관인 경시로 승진해 강원도 경찰부 위생과에서 근무하다가 1931년부터 전라북도 경찰부로 옮겨 경무과와 고등경찰과 등에서 근무했다. 1933년 군수로 전직해 전라북도 금산군수를 지내면서 금산군 농회 회장과 금산군미곡통제조합 조합장 등을 함께 맡았다. 1937년 미나미 총독의 시정 방침인 '선만일여'로 인해 만주로 전입, 만주국 치안부 경무사 사무관에 임명됐다. 1938년 동북항일연군 제1로군 제1군장 양징위의 부하인 여단장 류사오차이 등 항일 무장 세력 약 700여 명을 귀순시키는 등 만주국 치안부 경무사 사무관 및 이사관으로 일하면서 주로 일제의 치안숙정공작에 적극 협력, 동북항일연군 등 항일 무장 세력 체포 및 귀순공작을 적극 수행했다. 1940년 동북항일연군 제1로군 제2군 참모장 박득범 이하 5명을 체포했고, 제1로군 제2군 제1단장 최현 부대의 무기 및 탄약을 탈취했다. 1942~1943년에도 항일 무장 세력의 숙청공작을 추진해 최현의 참모인 임수산 이하 30여 명, 제1로군 제2군 제6사단장인 김일성의 부하 김재범 이하 6명 등 수백여 명의 항일 무장 독립군을 체포했다. 1943년 국내로 복귀해 전라남도 참여관 겸 전라남도 산업부 사무관 등으로 해방 때까지 근무하면서, 화순의 무연탄 채굴사업, 목재 반출 및 제재, 송탄유 산출, 기타 각종 군수 물자 공출, 조선인 노무자 징용 등에 앞장서 일제 침략 전쟁에 적극 부역했다. 해방 후 반민특위에 체포됐고 공민권 정지 3년 형을 선고받았다.

김태석 1882~?

경찰, 관료. 1909년 한성사범학교를 졸업하고 평안남도 평양보통학교 훈도(교사)로 재직하다 일본으로 유학해 니혼대학 법과를 수료하고 귀국했다. 1910년부터 충남 홍주공립보통학교, 평남 평양공립보통학교 교사로 근무하다 1912년 9월 조선총독부 경찰관 통역생을 맡아 함경북도 웅기경찰서에서 근무하기 시작했다. 1913년 경부로 승진했으며, 평안남도 평양경찰서에서 근무하던 1915년에 항일 비밀결사 일심사사건 관련자를 체포했다. 1918년 후반부터 조선총독부 경무총감부 고등경찰과에서 근무하다 1919년에 사이토 조선 총독 부임에 맞춰 경성역에 폭탄을 투척한 강우규와 관련자들을 모두 검거했다. 이후에도 대동단의 의친왕 이강 국외 탈출, 총독과 친일파 처단을 위해 폭탄 준비를 하던 의열단 등을 수사해 각 거사들을 무산시켰다. 이후 수많은 독립운동 관련자를 체포해 고문하는 등 반민족 범죄로 악명이 높아 '고문왕'이라는 별명을 가지게 됐다. 1920년 8월 경시로 승진했고, 1923년부터 경기도 경찰부 형사과장을 지내다 1924년 퇴직했다. 1924년 군수로 전임해 경기도 가평군수, 부천군수를 차례로 지냈고, 1933년 참여관으로 승진해 함경남도, 경상남도 등에서 근무했다. 참여관 재직 중 중일전쟁이 발발하자 도민들을 동원해 육군 비행장 건설, 국방헌금 및 비행기 헌납 자금 모금, 각종 공출 업무 등을 적극적으로 해내 공출의 귀감으로 평가됐다. 1944년에는 조선 총독의 자문 기구인 중추원 참의에 임명돼 해방 때까지 재직했다. 해방 후 1948년에 반민족행위처벌법이 공포되자 일본으로 도주하려다 1949년 체포돼 사형이 구형됐지만, 무기 징역과 50만 원의 재산 몰수형으로 감형받았다. 1950년 석방됐다.

김태진 1905~1949

영화배우, 극작가. 함경남도 원산 출신으로, 1923년 함흥에 공연 온 극단 예림회에 입단하면서 연극계에 입문했다. 1924년 일본인들이 부산에 설립한 조선키네마주식회사에 들어가 단역 출연을 시작하면서 영화배우 활동을 시작했다. 1925년 이경손 감독이 고려키네마에서 만든 〈개척자〉에서 비중 있는 배역을 맡았으며, 이 영화부터 남궁운이라는 예명을 썼다. 1927년 황운 감독의 〈낙원을 찾는 무리들〉에서 주연을 맡는 등 이후 여러 영화에서 비중 있는 배역을 맡아 영화배우로 이름을 알렸다. 이 시기부터 좌파 사상에 공감하고, 좌파 영화인인 김유영, 임화 등과 교유하면서 좌파예술운동에 뛰어들었고 1929년 신흥영화예술가동맹에 창립 멤버로 참여했다. 이후 카프(조선프롤레타리아예술인동맹) 산하 극단인 신건설과 동방키노 등에 참여하며 연출도 시작했으나 1933년에 치안유지법 및 출판법 위반 혐의로 구속됐다. 출소 후 주로 연극계에서 활동하며 1940년대 전반에 친일 희곡들을 집필하기 시작했다. '총후국민의 시국정신'을 앙양할 목적으로 1941년 극단 성군에서 〈백마강〉을 집필했으며, 1942년 근로보국대를 미화하고 선전한 극본 〈행복의 계시〉를 집필했다. 1943년 극단 태양에서 반미 의식을 고취하는 내용의 연극 〈그 전날 밤〉의 극본을 집필했으며, 1944년 징병을 선전한 극본 〈성난 아시아〉를 공동 집필했다. 해방 직후 좌파 진영인 조선연극건설본부, 조선프롤레타리아연극동맹을 거쳐 두 조직이 통합된 조선연극동맹에서 극작가로 활동하다 1947년 월북했다. 1949년 질병으로 북한에서 사망했다.

김해송 1911~?

가수, 작곡가. 평안남도 개천 출신으로 본명은 김송규다. 1935년 초부터 오케연주단에 참여해 기타 연주를 시작하다가 같은 해 오케레코드사에 입사해 자작곡 〈항구의 서정〉을 발표하면서 가수 겸 작곡가로도 활동을 시작했다. 1936년 가수 이난영과 결혼했으며, 1937년 장세정이 불러 크게 성공한 〈연락선은 떠난다〉와 〈잘 있거라 단발령〉 등을 작곡했다. 1938년 발표한 〈전화일기〉, 〈사나이 걷는 길〉 등은 치안 방해 등의 이유로 판매 금지 및 가두 연주 금지를 당했다. 1940년 반도애국호 자금 모집 및 북지 일본군 위문을 위한 매일신보사 베이징지국 초청 순회공연에서 공연했다. 1942년부터 많은 군국 가요도 작곡했다. 대표적으로 조선군 보도부가 내선일체와 지원병제도 선전을 위해 제작한 영화 〈그대와 나〉(감독 허영)의 주제가, 조명암이 작사하고 박향림이 노래한 〈총후의 자장가〉, 조명암이 작사하고 남인수, 이난영이 노래한 〈이천오백만 감격〉 등을 작곡했다. 태평양전쟁 말기인 1944년 약초극장 전속 극단인 약초가극단을 조직했으며, 같은 해 12월 조선흥행협회 주최로 개최된 대동아전쟁 3주년 기념 헌익예능대회에서 약초가극단이 공연한 〈승리의 노래〉 음악을 담당했다. 해방 직후인 1945년 8월 조선문화건설중앙협의회 무대음악무용부 집행위원을 맡았다. 같은 해 12월 KPK악단을 조직한 후, 1949년 〈육탄 십용사〉 등과 같은 대규모 악극 공연을 진행해 독보적인 악극단으로 발전시켰다. 6·25전쟁 당시 서울에 남아 있다가 납북되던 중 사망한 것으로 전해진다.

김활란 1899~1970 종교가, 교육가. 경기도 인천 출신으로 헬렌이라는 세례명을 한자식으로 고쳐 '활란'이라 했다. 1908년 이화학당 고등과에 입학한 후 1918년 3월 이화학당 대학과를 졸업해 여성 최초로 대학 졸업자가 됐다. 졸업 후 바로 이화학당 고등보통과 교사가 되었고, 3·1혁명이 일어나자 비밀결사에 참여했다. 1923년 김필례, 유각경 등과 각지의 여자기독교청년회 대표들을 모아 조선여자기독교청년회연합회(YWCA)를 창설했다. 미국으로 유학해 1924년 오하이오 웨슬리안대학을 졸업하고 1925년에 보스턴대학 대학원에서 철학석사학위를 받았다. 1927년 2월 개최된 신간회 창립대회에 여성 대표 간사로 참석하고, 5월에 근우회 회장으로 선출됐다. 1930년 다시 미국 유학에 나섰고 1931년 컬럼비아대학교 대학원에서 철학박사학위를 받아 우리나라 여성 최초로 철학박사가 됐다. 귀국 후 1932년부터 이화여자전문학교 교수로서 1939년까지 학감, 부교장 등을 지냈다. 1936년 조선총독부 사회교육과가 주최한 사회교화진흥간담회에 참석한 것으로 친일 활동을 시작해 각종 부인 강좌의 강사로 나섰다. 1937년 조선총독부 학무국의 알선으로 조선부인문제연구회가 결성되자 상무이사를 맡았다. 중일전쟁이 일어난 직후 여류 명사들이 전쟁 협력을 위해 애국금차회를 조직할 때 발기인과 간사를 맡았다. 1938년 제3차 조선교육령 공포 후에는 이화여자전문학교와 이화보육학교 학생 400여 명을 동원해 이화애국자녀단을 결성하고 단장을 맡았다. 그해 국민정신총동원 조선연맹이 설립되자 발기인으로 참여해 이사에 선임됐다. 또 조선여자기독교청년회연합회 실행위원회에서 기독교 여성의 내선일체를 위해 일본여자기독교청년회연합회에 가맹할 것을 주장하는 발표를 해 결의안을 채택시킨 후 정식으로 통과되도록 했다. 1939년 이화여자전문학교 교장에 취임했고, 1940년 국민총력조선연맹의 사무국 훈련부 참사를 맡는 등 이후 각종 전쟁 협력 단체에서 간부를 맡았다. 또 여성들을 대상으로 하는 전국적 순회강연회를 비롯해 각종 좌담과 기고를 통해 일제 침략전쟁 미화와 황민화 정책 선전을 실행했다. 해방 후 대한여자기독교청년회연합회를 재건해 재단이사장을 맡았고, 1946년 4월 이화여자전문학교의 이화여자대학교 승격 인가를 받은 후 초대 총장에 취임해 1961년까지 재임했다.

나웅 1909~? 영화배우, 연출가. 서울 출신으로 본명은 나준영이다. 1928년 대륙키네마사 제작 영화 〈나의 친구여〉, 〈지나가는 비밀〉 등에 배우로 출연했다. 1929년 윤기정, 김태진 등과 더불어 신흥영화예술가동맹을 창립하고 중앙집행위원을 맡았다. 이후 서울키노, 동방키노 등에 참여하는 등 프롤레타리아 영화운동에 적극 참여했다. 이와 동시에 카프 산하 극단인 메가폰, 신건설 등에서 연출부원으로 활동하며 연극 활동도 겸했다. 1933년 2월 연극운동사건에 연루되어 구속되었다가 불기소 처분을 받았다. 1934년 신건설사사건으로 구속되어 징역 1년을 선고받았다. 1938년 시국대응전선사상보국연맹에서 본부 간사 겸 문화부 부원, 경성지부 부원으로 활동했다. 1940년 〈매일신보〉에 연극 평론 〈국민 연극의 출발〉을 발표한 후 일제에 적극 협력하기 시작했다. 친일 단체인 조선연극문화협회 산하 이동 연극 제1대에서 〈봄물결〉, 〈산신문〉, 〈여명의 노래〉 등을 연출했다. 조선연극문화협회가 주최한 연극 경연대회에는 제1~3회 대회에 〈산풍〉, 〈역사〉, 〈현해탄〉을 각각 출품했다. 일본 정신과 일제의 침략 전쟁을 미화하는 내용이었다. 이 외에 1941년 만주국 국책 영화사인 만영과 합작으로 제작한 〈복지만리〉, 1942년 조선영화사가 제작한 〈우르르라 창공〉 등 일제의 침략 전쟁을 옹호하는 영화에도 출연했다. 해방 후 조선프롤레타리아연극동맹 위원장, 조선연극동맹 부위원장, 조선영화동맹 중앙집행위원으로 활동했다. 1946년 중반 이후 월북했다.

남인수 1918~1962

가수. 경상남도 진주 출신이다. 1935년 말 혹은 1936년 초에 시에론레코드사를 찾아가 테스트를 받고 선발되어 1936년 2월 방송에 출연함으로써 가수 활동을 시작했다. 1936년 7월 〈눈물의 해협〉이 실린 음반이 발매됐으나 오케레코드사로 옮겨 12월에 첫 작품 〈돈도 싫소 사랑도 싫소〉, 〈범벅 서울〉을 발표했다. 이때부터 남인수라는 예명을 사용했다. 이후 1943년까지 130여 곡을 발표했다. 1942년부터 일제의 침략 전쟁을 미화하는 〈강남의 나팔수〉, 〈그대와 나〉, 〈남쪽의 달밤〉, 〈낭자일기〉, 〈병원선〉 등 군국 가요를 발표했다. 1943년에는 〈이천오백만 감격〉, 〈혈서지원〉 등의 군국 가요를 발표했다. 1944년 9월 부민관에서 조선연극문화협회 주최로 열린 〈성난 아시아〉에 출연했다. 해방 이후 1957년 대한레코드가수협회를 창설해 초대 회장이 됐고, 1960년 전국공연단체연합회 회장, 1961년 한국무대예술협의회 이사 등을 역임했다.

노기남 1902~1984

종교인. 평안남도 중화 출신이다. 1930년 예수성심신학교를 졸업하고 사제로 서품되어 종현성당(현 명동성당) 보좌신부에 임명됐고 부속 계성보통학교의 운영을 맡았다. 1937년 '황군에 대한 무운 장구 및 국위 선양 기도회'에 참석해 시국 강연을 했다. 1939년 국민정신총동원 천주교 경성교구연맹 이사를 맡았고, 1940년 국민총력 천주교 경성교구연맹으로 개편할 때 이사장을 맡았다. 1942년 천주교 경성교구장(주교)에 임명됐고 같은 해 3월부터 평양과 춘천교구장 서리를 겸했다. 경성교구연맹 이사장으로서 기관지 《경향잡지》를 통해 매월 첫째 주일을 애국 주일로 지키며, 애국 주일에는 무운 장구 기원 미사제를 열고 미사 전후에 애국식을 거행했으며, 미사 중 시국 강론을 하고, 미사 후에는 단체로 신궁·신사 참배를 지시했다. 1944년 조선전시종교보국회 창설 때 천주교를 대표해 이사로 참여했다. 해방 후 서울대교구장을 지냈고, 1962년 대주교에 임명됐다.

노덕술 1899~1968

울산 출신으로, 1920년 6월 경상남도 순사에 임명됐다. 경남순사교습소를 졸업한 뒤 경남경찰부 보안과를 거쳐 울산경찰서 사법계에 근무했다. 1924년 경부보로 승진한 뒤 의령, 거창,

동래 등에서 근무했으며, 경남 지역 독립운동가들을 체포, 고문해 독립운동을 탄압하는 데 앞장섰다. 1932년 경부로 승진해 울산, 서울, 인천, 개성 등 각 경찰서 사법주임을 지냈다. 1943년 경시로 승진해 평안남도 보안과장으로 근무했다. 1945년 8월 평양경찰서 서장으로 근무하다가 소련군이 진주하자 월남했다. 1946년 1월 경기도경찰부 수사과장, 9월 제1경무총감부 관방장(총경) 겸 수도관구경찰청 수사과장에 임명됐다. 1948년 7월 장택상 저격 혐의로 체포된 박성근을 고문치사시킨 후 시신을 한강에 투기한 혐의로 체포되나 도주했다. 도주 중 수도경찰청 수사지도과장 최난수와 함께 반민특위 핵심 관계자 15명의 암살을 모의했다. 1949년 반민특위에 체포됐고, 반민특위 관계자에 대한 암살 지시를 받았던 백민태의 자수로 암살 모의 전모가 밝혀졌다. 그러나 고문치사사건과 암살 모의사건 모두 무죄 선고를 받았다. 7월에 병보석으로 석방됐다. 이후 헌병으로 전직해 육군 본부 제1사단 헌병대장, 부산 제2육군범죄수사단 대장 등을 지냈으며, 1955년 뇌물 수뢰 혐의로 군법 회의에 회부되어 파면됐다. 1960년 제5대 민의원 선거에 고향인 울산에서 무소속으로 출마했으나 낙선했다.

노수현 1899~1978

화가. 황해도 곡산 출신으로 3·1혁명 당시 천도교 금융관장으로 자금 출납을 담당했던 노헌용의 손자다. 1915년 서화미술회 부설 강습소 화과에 입학해 1918년 졸업했다. 재학 중이던 1917년부터 안중식의 화숙 경묵헌에서 이상범과 함께 그림을 배웠다. 3년간의 정규 교육과정을 마친 후에도 안중식의 문하생으로 수학하며 총애를 받았다. 이런 이유로 안중식의 호 심전(心田)을 본받아 호를 심산(心汕)으로 했다. 1917년 김윤식이 조선총독부 후원으로 개최한 문예 백일장인 시문서화의 과대회(詩文書畵擬科大會) 그림 부문에서 1등을 했다. 1921년부터 1936년까지 서화협회 전시회에 회원 자격으로 작품을 출품했다. 1922년 제1회 조선미술전람회에 입선했고, 이듬해인 제2회에서 수묵채색화 부문 3등을 차지했으며, 1926년 제5회에서 특선상을 받았다. 1921년 동아일보사에 입사해 삽화 및 만화를 그리는 미술 담당 기자로 일하다 1923년 조선일보사로 옮겼다. 1924년 향락 감정을 부추기는 네 컷 만화 〈멍텅구리 헛물켜기〉를 연재해 대중적 인기를 얻었다. 1941년 잡지 《신시대》에 일제의 시국 생활 규범과 총동원 체제에 대한 호응을 내용으로 하는 중편 만화 〈멍텅구리〉를 여러 차례 연재했다. 1942년 황군 위문 부채 그림을 조선총독부에 헌납했고, 같은 해 조선남화연맹 제1회 전람회에 참여해 출품작 수익금을 모두 일본군에 헌납했다. 해방 이후 조선미술건설본부 동양화부 위원장을 맡았다. 1946년 서울대학교 미술대학 교수가 됐고, 1961년 동양화과 교수로 정년퇴직했다. 1974년 은관문화훈장이 추서됐다.

노천명 1911~1957

시인. 황해도 장연에서 태어나 1930년 진명여학교, 1934년 이화여자전문학교 영문과를 졸업했다. 이화여자전문학교 재학 당시 《신동아》 1932년 6월 호에 〈밤의 찬미〉를 발표하면서 등단했다. 1934년 〈조선중앙일보〉 학예부 기자로 근무했다. 1937년 조선일보사 출판부에서 발행하는 잡지 《여성》을 편집했다. 1938년 첫 시집 《산호림》을 출간했다. 1941년 8월 친일 단체인 조선문인협회 간사, 12월 조선임전보국단 산하 부인대 간사를 맡았다. 1943년부터는 〈매일신보〉 학예부 기자로 활동했다. 이와 함께 조선문인협회 등의 친일 단체들이 주최한 각종 행사에 참여하고, 여러 매체에 일제의 침략 전쟁을 미화하고 식민지 통치를 옹호하는 여러 편의 시와 산문을 발표했다. 해방 이후 〈매일신보〉의 후신인 〈서울신문〉에서 근무하다 〈부녀신문〉으로 옮겨 편집차장으로 일했다. 6·25전쟁 당시 피난을 가지 못하고 서울에 남았다가 문학가동맹에 참여해 부역 활동을 했다. 이로 인해 9·28수복 이후 부역자처벌특별법에 의거, 20년 형을 선고받고 서대문 형무소에 수감됐으나 여러 문인들의 구명 운동으로 1951년 4월 출감했다. 이듬해 부역 혐의에 대한 해명의 내용을 담은 〈오산이었다〉를 발표했다. 1957년 6월 16일 사망했다. 2001년 노천명문학상이 제정됐다.

모윤숙 1909~1990 시인. 함경남도 원산 출신으로 1931년 이화여자전문학교 영문과를 졸업하고 북간도 룽징의 명신여학교 교사로 부임했다. 같은 해 《동광》에 발표된 〈피로 새긴 당신의 얼굴〉로 등단했다. 1933년 배화여자고등보통학교 교사가 됐고, 같은 해 첫 시집 《빛나는 지역》을 발간했다. 1935년 경성중앙방송국 제2방송에 취직하여 방송을 진행했다. 1937년 《렌의 애가》를 출간했다. 1940년 조선문인협회 간사, 1941년 조선임전보국단 발기인, 평의원, 부인대 간사 등 친일 단체에서 활동하며 일제의 침략 전쟁과 식민 통치를 옹호하는 다수의 연설과 글을 발표했다. 1947년 10월 파리에서 열린 제3차 유엔 총회에 한국 대표로 참가했고, 1950년 대한여자청년단 총본부 단장, 북진통일여성투쟁위원회 위원장 등으로 활동했다. 1969년 여류문인협회 회장, 1970년 민주공화당의 전국구 국회의원이 됐다. 이후 문예 활동과 사회 활동을 이어가다가 1990년 6월 7일 사망했다.

문명기 1878~1968 경제인. 평안남도 안주 출신이다. 생선 장사를 하다 1907년 제지공장을 차렸다. 1919년 3·1혁명이 일어나자 엽총을 들고 말을 몰아 시위 참여자를 위협했다. 1920년 민선 경상북도 도평의원에 당선됐고 1924년, 1927년, 1930년 재선됐다. 1921년 조선농회 경상북도 평의원을 맡았고, 1922년 한문양행자동차주식회사를 설립했다. 1925년 친일 단체인 동민회 경상북도지부 평의원으로 활동했고, 1928년 영덕전기주식회사 이사, 포항양조주식회사 사장, 공영자동차주식회사 상무이사, 1929년 강구주조합자회사 사장 등으로 활동했다. 1930년 영덕군의 금은광산을 인수한 뒤 문명광산이라고 명명했다. 1933년 경상북도 도회의원에 선출되고, 1937년 재선됐다. 1934년 금광 매각 대금 12만 원 중 10만 원을 국방헌금으로 헌납했다. 이를 계기로 비행기 100대 헌납을 목표로 하는 조선국방비행기헌납회를 조직했다. 1935년 육군과 해군에 헌납한 비행기를 '문명기호'로 명명하는 행사가 치러졌다. 1936년 조선국방비행기헌납회에 1만 원을 기부했다. 1940년 국민총력조선연맹 평의원, 1941년 조선임전보국단 평의원 등 친일 단체에서 간부로 활동했다. 같은 해 중추원 참의로 임명되어 해방

될 때까지 활동했다. 해방 후 1949년 반민특위에 체포됐으나 병보석으로 풀려났다.

문예봉 1917~1999

배우. 함경남도 함흥 출신이다. 민중 극단 등에서 활동한 아버지 문수일이 딸을 배우로 만들고자 최승희 무용연구소에서 무용을 배우게 했다. 1930년경부터 무대에 섰으며, 1931년 문수일이 창단한 극단 연극시장을 통해 주목을 받았다. 1932년 나운규의 제의로 이규환 감독의 〈임자 없는 나룻배〉에 출연하면서 영화계에 데뷔했다. 1934년 극작가 임선규와 결혼했고, 아버지와의 불화로 극단을 나와 본격적으로 영화배우로 활동했다. 1935년 조선 최초의 발성 영화인 〈춘향전〉에 출연해 인기 배우가 됐다. 이후 다수의 작품에 여주인공으로 출연, '삼천만의 연인'으로 불렸다. 1930년대 말부터 일제가 조선 영화를 본격 통제하기 시작하자 적극 호응해 활동했다. 1940년 영화산업 통제를 내용으로 하는 조선영화령이 시행된 후 〈지원병〉,〈그대와 나〉,〈우르러라 창공〉,〈조선해협〉, 〈헤이따이상〉 등 일제의 침략 전쟁을 미화하는 선전 영화에 계속 출연했다. 1948년 월북해 1952년 공훈배우 칭호를 받았다.

민규식 1888~?

경제인. 자작 민영휘의 셋째 아들이다. 1910년 휘문고등보통학교를 졸업하고, 1918년 영국 케임브리지대학교 경제학과를 졸업했다. 1920년 귀국해 한일은행 상담역을 거쳐 취체역 겸 상무취체역을 맡았다. 1923년 조선제사주식회사 취체역, 조선견직주식회사 취체역 사장에 취임했다. 1924년 친일단 체인 동민회의 평의원으로 활동했다. 1930년 한일은행이 호서은행과 합병해 동일은행으로 개편된 후 동일은행 취체역을 맡아 1943년까지 활동했다. 1937년 형 민대식, 조카 민병도 등과 함께 애국경성 제2호기 구입비 총 4만 원을 헌납했다. 같은 해 7월 중일전쟁을 계기로 민대식, 민병도와 함께 국방비와 황군 위문금으로 1만 원을 헌납했다. 1938년 국민정신총동원 조선연맹 발기인 및 이사, 1939년 배영동지회 상담역, 조선유도연합회 이사, 1940년 국민총력조선연맹 평의원, 1941년 조선임전보국단 발기인 및 상무이사, 1944년 국민동원총진회 중앙지도위원 등 각종 친일 단체에서 간부로 활동했다. 1945년 6월 중추원 참의에 임명되었다. 해방 후 1946년 조선은행 총재, 경성상공회의소 설립 발기인으로 활동했다. 1950년 6·25전쟁 중 납북됐다.

민대식 1882~1951

군인, 경제인. 자작 민영휘의 둘째 아들이다. 미국 오하이오주 웨슬리언대학을 졸업했다. 1899년 호위대 참위를 거쳐 1900년 시위 제1연대 제2대 부(附)에 배속됐다. 1901년 육군 부위, 1902년 육군 정위, 1904년 육군 참령으로 진급했다. 1905년 육군무관학교 교관을 지내다가 휴직하고 미국으로 유학을 떠났다가 1906년 4월 귀국했다. 1920년 한일은행 취체역을 지내면서 상무취체역을 거쳐 두취로 취임했다. 1930년 한일은행과 호서은행을 합병해 동일은행을 창설하고 대표취체역을 맡았다. 1924년 친일 단체인 동민회 평의원으로 활동했다. 1930년 경기도 관선 도평의회원에 임명됐다. 1933년 조선신궁봉찬회 고문, 조선대아세아협회 상담역, 조선유도연합회 평의원 등 각종 친일 단체의 간부로 활동하면서 수차례에 걸쳐 국방헌금, 애국기 헌납금 등을 기부했다. 해방 후 반미특위에 체포됐으나 무혐의로 풀려났다.

민영기 1858~1927 남작. 1879년 무과에 급제했다. 운봉현감을 시작으로 여산부사, 남양부사, 황해도 병마절도사, 한성부 우윤, 상주목사, 충주목사 등을 역임했다. 대한제국 수립 후 경기도관찰사, 군부대신, 탁지부대신, 농상공부대신 등을 지냈다. 1899년 12월 김필제·안경수사건에 연루되어 유배형을 받았다. 1904년 3월 특별 사면됐다. 탁지부대신으로서 1904년 10월 메가타 다네타로를 재정고문으로 고용하는 계약, 1906년 3월 일본 흥업은행과 1000만 환 차관조약, 4월 통감부와 한국 국고금 및 세금에 대한 출납 보관 위탁계약, 10월 일본 정부와 압록강, 두만강의 삼림 경영에 관한 협동약관 등을 맺었다. 1908년 12월부터 1911년 4월까지 동양척식주식회사 부총재를 지냈다. 강제 병합 후 조선귀족령에 따라 남작 작위를 받았고, 1911년 1월에는 은사 공채 2만 5,000원을 받았다. 1911년 3월부터 1924년 3월까지 조선 총독 자문 기구인 중추원 고문을 지냈다. 1912년 한국병합기념장을 받았고, 1915년 다이쇼 천황 즉위 대례식에 조선귀족 대표로 참석하고 대례기념장을 받았다. 1911년 4월에는 운산금광 부총재를 지냈다. 1918년 조선인삼회사 설립에 참여했으며, 1919년 6월 조선농사개량주식회사 발기인, 11월 주식회사경성취인소 발기인, 1920년 한성은행 감사역, 1922년 6월 농림주식회사 사장을 역임했다. 1922년 11월 조선인과 일본인 유력자, 자산가 들이 만든 친일 사교 단체 조선구락부에 참여했다. 1925년 5월 동민회 회원이 됐다. 1923년 3월부터 사망할 때까지 이왕직 장관을 지냈고, 사망 후 작위는 민건식이 물려받았다.

민영린 1872~1932 백작. 민태호의 양자이며 순종 비인 순명효 황후와 남매간이다. 1892년 3월 문과 급제해 이조정랑, 형조참의, 성균관 대사성을 지냈다. 1904년 예식원 부장으로서 특파일본국보빙대사 이지용을 수행해 일본 정부로부터 훈2등 서보장을 받았다. 의정부 찬정, 시강원 첨사, 장례원경 등을 역임했다. 1909년 11월 이토 히로부미를 추도하기 위해 한성부민회가 주도한 국민대추도회에서 준비위원을 맡았다. 같은 해 12월 일진회가 합방 성명서를 발표하자 이를 반대하고 정치권력을 유지하기 위해 이완용을 중심으로 조직된 국민연설회의 간사원을 맡았다. 강제 병합에 협력한 공을 인정받아 일제로부터 백작 작위를 받았으며, 1911년 1월 12만 원의 은사 공채를 받았다. 조선귀족 대표로 1915년 11월 다이쇼 천황 즉위식에 참석, 대례기념장을 받았다. 상습적인 아편 복용으로 1917년 징역 3월, 집행 유예 3년의 실형을 선고받았다. 조선귀족령에 따라 1919년 7월 백작 작위를 상실했다.

민영휘 1852~1935 관료, 자작. 서울 출신으로 1877년 병과에 급제해 여러 관직을 두루 맡았다. 1887

년 5월 도승지로서 주차일본관리대신에 임명돼 일본으로 건너갔고, 같은 해 12월에 돌아와 공조참판을 맡았다. 이후 평안도관찰사, 강화부 유수, 공조판서, 한성부 판윤, 이조판서, 판의금부사, 예조판서 등에 임명됐다. 1894년 병조판서가 된 후 동학농민전쟁이 일어나자 청국의 위안스카이에게 군대 파병을 요청했다. 6월 탐학죄로 전라남도 임자도에 유배되고, 1895년 7월 사면됐다. 1896년 2월 다시 교동군에 유배됐지만 곧 풀려났다. 이후 대한제국에서 여러 요직을 두루 거쳤다. 1904년 사저를 열어 광성의숙을 세웠고, 1905년 을사조약 체결에 앞장선 대신의 처벌을 상소했다. 1906년 고종의 명으로 광성의숙을 휘문의숙으로 개칭했다. 1907년 통감부의 식민 정책에 동조하고 조선인 교화를 목적으로 전국의 보부상을 규합해 조직한 동아개진교육회 찬성장으로 선출됐다. 그해 7월 궁내부 특진관이 되어 고종에게 헤이그밀사사건의 책임을 지고 양위할 것을 상소했다. 11월에는 대한협회 총재에 선출됐다. 1909년 총리대신 이완용이 조직한 국민연설회 총대위원으로 참여했다. 1910년 1월 일진회의 '합병 성명서'에 찬성을 나타내고 지지 여론 확산을 위해 조직된 국민동지찬성회 고문에 추대됐다. 강제 병합 후 일본 정부로터 자작 작위와 은사 공채 5만 원을 받았고, 조선귀족회 부회장에 선출되어 1912년 4월까지 재임했다. 이후로도 일제강점기 내내 총독부와 관련된 여러 요직을 맡아 식민 통치에 협력했다. 1918년 휘문의숙은 휘문고등보통학교로 인가받았다. 같은 해 조선식산은행 설립위원에 임명됐다. 1921년 1월 조선인 전직 관료, 귀족, 대지주, 실업가들이 친목 도모와 내선융화를 목적으로 조직한 대정친목회의 고문에 선출됐다. 1923년에는 조선총독부의 교육 정책을 지원하기 위해 조직된 조선교육회의 부회장에 선출됐다. 1932년 6월 조직된 유림 단체 대성원 고문에 추대됐고, 1933년부터 동일은행 고문을 지냈다. 1933년 30만 원 이상의 재산을 소유한 거부였다. 귀족 작위는 양자 민형식이 이어받았다.

민원식 1886~1921 중추원 찬의, 국민협회 회장. 경기도 양평에서 태어났다. 1899년 일본으로 건너가 후쿠오카 동아학교 교사로 일했다. 1906년 귀국해 탁지부 주사, 내부 참사관, 제실회계심사위원, 내부 서기관 등을 지냈다. 1908년 5월 대한실업장려회를 조직, 8월에는 대한실업협회로 개칭해 회장을 맡았다. 이어 동아개진교육회와 연합해 제국실업회를 결성하고 회장에 취임했다. 1910년 1월 〈시사신문〉을 창간하고, 3월에는 일본과의 합방 찬성을 추진하기 위해 정우회를 만들고 평의원을 맡았다. 강제 병합 후 1911년 7월 경기도 양지군수, 1914년 3월 이천군수, 1917년 9월 고양군수를 지냈다. 1919년 11월 고양군수를 사직하고 중추원 부찬의에 임명됐다. 1919년 8월 신일본주의를 주창하며 협성구락부를 결성하고, 1920년 1월 이를 국민협회로 개편해 회장을 맡았다. 이후 국민협회를 통해 참정권청원운동, 곧 일본 중의원 선거를 조선에서도 시행해달라는 청원운동을 전개했다. 도쿄에서 참정권청원운동을 전개하던 중 1921년 2월 16일 유학생 양근환의 단도에 찔려 사망했다.

민형식 1875~1947 관료, 자작 민영휘의 양자이다. 1891년 대교로 관직 생활을 시작했다. 1903년 1월 평안북도관찰사, 같은 해 10월 경상남도관찰사에 임명됐다. 1904년 봉상사 제조에 임명되어 9월에 일본 내무성의 제도와 사무를 시찰하기 위해 일본을 방문했다. 1905년 의정부 참찬, 법부협판, 1906년 학부협판에 임명되었다. 1907년 나인영 등이 주도한 을사오적 암살계획에 자금을 제공한 혐의로 체포되어 유배 10년 형을 선고받고 황해도로 유배되었다가 특사로 풀려났다. 1909년 이토 히로부미를 추도하기 위해 조직된 국민대추도회의 준비위원을 맡았다. 1914년 민영휘의 작위를 상속할 상속자로서 종5위에 서위되었다. 1924년 중추원 참의(칙임관 대우)에 임명되었다. 1934년 10월 무정부주의운동을 전개하기 위해 자금을 모금한 채은국 등에게 운동자금을 제공한 혐의로 체포되었으나 불구속 기소 유예 의견으로 검사국에 송치되었다가 증거불충분으로 풀려났다. 1936년 동생 민대식, 민규식과 함께 경성부사회사업조성회에 2만 원을 기부했다. 1935년 12월 민영휘가 사망한 후 1936년 7월 자작 작위를 승계했다. 1939년 친일단체인 조선유도연합회의 참여로 활동했다.

박부양 1905~1974 관료, 자작. 1916년 6월 박제순이 사망하자 자작 작위를 승계했다. 1923년 경성제일고등보통학교를 졸업했다. 1928년 쇼와 천황 즉위 대례식에 조선귀족 대표로 참석했다. 1930년 임시국세조사사업 공로를 인정받아 국세조사기념장을 받았다. 1937년 8월 조선귀족들이 조직한 동요회의 이사에 선임된 후 조선 신궁을 참배하고 '황군의 무운장구'를 기원했다. 동요회는 시국에 대한 정확한 인식, 내선일체 실현 등을 목적으로 했다. 같은 달 조선총독부가 주최한 시국간담회에 참석했다. 1937년 9월 종4위 자작 신분으로 전라북도 임실군수에 임명됐고 1939년 3월 금산군수로 전임해 1941년 11월까지 재직했다. 이어 조선총독부 중추원 서기관에 임명됐고, 1942년 5월부터 1943년 9월까지 조선사편수회 간사를 겸직했다. 1943년 9월 경기도 안성군수에 임명되어 해방 때까지 재직했다. 해방 후 미 군정청에 의해 경기도 안성군수에서 면직된 후 경기도 농상부 농상부장에 임명됐다. 1949년 8월 반민특위에서 조사를 받았지만 기소 유예로 풀려났다.

박상준 1877~1945 관료, 중추원 참의, 경학원 대제학, 일본제국의회 귀족원 의원. 1908년 강동군수, 1910년 2월 순천군수에 임명됐다. 강제 병합 후에도 조선총독부 군수를 계속해 1917년 평원군수, 1919년 순천군수를 지냈다. 평원군수 재직 중 3·1혁명이 일어나자 '조선의 독립은 불가능하다'는 글을 발표했다. 1921년 2월 평안남도 참여관, 1926년 8월 강원도지사에 올랐다. 이어 1927년 5월 함북도지사, 1928년 황해도지사를 지냈다. 1929년 11월 도지사에서 물러난 뒤 조선 총독 자문 기구인 중추원 참의에 임명됐다. 이후 1945년 6월까지 네 차례 연임했다. 1945년 4월에는 일본제국의회 귀족원 의원에 임명됐다. 각종 단체를 통해 일제의 식민 통치와 침략 전쟁에 협력했다. 1938년 5월 경학원 강사 겸 명륜학원 평의원에 임명됐고, 1940년 11월 경학원 대제학 겸 명륜학원 총재에 올랐다. 1939년 5월 국민정신총동원 조선연맹 평의원, 1940년 국민총력조선연맹 평의원을 거쳐 1941년 5월에는 이사 겸 평의원을 맡았다. 1941년 조선유도연합회 회장으로서 전국 유림을 대표해 일본군에 비행기를 헌납했다. 1943년 1월에는 조선유도연합회에서 간행한 한시집에 징병제 실시를 축하하는 한시를 실었으며, 그해 8월 〈매일신보〉에 징병제 실시를 맞아 일본 천황을 위해 목숨을 바치자는 내용의 논설을 발표하기도 했다. 1944년 9월 국민동원총진회 고문을 맡았다. 1945년 9월 2일 사망했다.

박석윤 1898~1950

〈매일신보〉 부사장, 폴란드 주재 만주국 총영사, 만주국 참사관. 전라남도 담양에서 태어났다. 1911년 일본에 유학해 1922년 도쿄제국대학 법학과를 졸업했다. 유학 중 조선유학생학우회 평의원으로 활동했다. 귀국 후 휘문고등보통학교와 중앙고등보통학교에서 교원 생활을 했다. 1924년 3월 〈시대일보〉 정치부 기자를 지냈다. 1925년 3월부터 1928년 1월까지 조선총독부 재외 연구원 신분으로 영국 케임브리지대학에 유학해 국제법과 국제정치학을 연구했다. 1930년 2월 조선총독부 기관지 〈매일신보〉 부사장에 취임했다. 1931년 9월 조병상, 김동한 등과 함께 간도에 건너가 모든 한인 단체의 지도 기관으로서 민생단을 조직할 것을 주장했다. 조선에 돌아와 조선총독부를 상대로 민생단 조직을 위한 운동을 전개했다. 1932년 2월 친일 단체 민생단을 창립했고, 1932년 9월 매일신보사 부사장직을 사임한 후 제네바에서 열리는 국제연맹총회에 참석했으며, 1934년 9월에는 천도교 신파 중심의 시중회 조직에 참여했다. 1934년 12월 만주국 국무원 외교부 촉탁에 임명되어 만주국 신징으로 건너갔다. 1935년 5월 만주국 협화회 이사를 지냈다. 1939년 2월 폴란드 바르샤바 주재 만주국총영사관 총영사가 되어 근무하다가 1940년 6월 돌아왔다. 그 직후 만주국 협화회 중앙본부 위원을 맡았으며, 그해 10월 간도협조회 산하 동남지구특별공작후원회를 조직하고 총무를 맡았다. 1941년 4월에는 만주국 국무원 총무청 총무청관방 참사관 겸 국무원 외무국 총무처 참사관을 지냈다. 일본의 패전이 예상되자 1945년 5월 조선에 돌아와 은둔했다. 해방 후 평양에서 요양하다가 1947년 2월 북한 당국에 체포되고 기소됐다. 1948년 6월 '친일 반역자'란 죄목으로 사형을 선고받았다. 1950년 10월 20일 사망했다.

박시춘 1913~1996

작곡가. 경상남도 밀양 출신. 11세 무렵 가출해 약 10년 동안 여러 공연단을 떠돌며 유랑 생활을 했다. 어려서부터 악기 연주에 뛰어났다. 1935년 시에론레코드사에서 발매한 〈희망의 노래〉가 그의 첫 작품으로 알려졌다. 1938년 남인수가 불러 큰 반향을 얻은 〈애수의 소야곡〉으로 큰 인기를 누렸다. 대표적인 작품으로 1937년 〈항구의 선술집〉, 〈물방아 사랑〉, 〈불망의 글자〉, 1938년 〈애수의 소야곡〉, 〈왕서방 연서〉, 〈앵화폭풍〉, 〈꼬집힌 풋사랑〉, 〈총각 진정서〉, 〈괄세를 마오〉, 〈남장미인〉, 〈항구마다 괄세더라〉, 〈기로의 황혼〉, 〈눈물의 춘정〉, 1939년 〈세상은 요지경〉, 〈감격시대〉, 〈안개 낀 상해〉, 1940년 〈울며 헤진 부산항〉, 〈쓸쓸한 여관방〉, 〈선부의 아내〉, 〈눈 오는 네온가〉, 1941년 〈무정천리〉, 〈집 없는 천사〉, 〈인생출발〉, 1942년 〈천리정처〉, 〈목단강 편지〉, 〈내 고향〉, 〈청년고향〉, 1943

년 〈황포돛대〉, 〈서귀포 칠십리〉 등이 있다. 1943년까지 발표한 작품 수는 확인되는 것만 270곡 이상이다. 박시춘이 작곡한 군국 가요는 1942년 〈고성의 달〉, 〈남쪽의 달밤〉, 〈낭자일기〉, 〈병원선〉, 〈아들의 혈서〉, 〈아세아의 합창〉, 〈즐거운 상처〉, 〈진두의 남편〉, 1943년 〈결사대의 아내〉, 〈옥퉁소 우는 밤〉, 〈조선해협〉, 〈지원병의 집〉, 〈혈서지원〉 등이 확인된다. 해방 후 박시춘악단을 조직해 공연했다. 〈고향초〉, 〈가거라 삼팔선〉, 〈신라의 달밤〉, 〈비 내리는 고모령〉, 〈낭랑 십팔세〉, 〈전선야곡〉, 〈전우여 잘 자라〉, 〈굳세어라 금순아〉, 〈이별의 부산 정거장〉, 〈럭키 서울〉 등의 히트곡을 발표했다. 1950년대 중반 이후 영화 음악을 작곡하는 한편 직접 영화 제작에 나서 감독을 맡기도 했다.

박영철 1879~1939

군인, 관료, 중추원 참의. 전라북도 익산에서 태어났다. 일본 도쿄 세이조학교를 다닌 후 일본 육군사관학교에 입교해 1903년 11월 제15기로 졸업했다. 1904년 러일전쟁에 종군하고, 1904년 3월 대한제국 육군 기병 참위로 임관해 육군무관학교 교원 및 교관을 지냈다. 1905년 육군 기병 정위, 1906년 육군 기병 참령으로 진급했다. 1907년 8월 군부대신 부관을 거쳐 시종무관을 맡았다. 강제 병합 후 1911년 조선주차헌병대사령부에 배속됐으며, 1912년 8월 전역한 후 전라북도 익산군수에 임명됐다. 1918년 함경북도 참여관, 1921년 전라북도 참여관, 1924년 강원도지사, 1926년 함북도지사를 역임했다. 함경북도 참여관 재직 중 3·1혁명이 일어나자 조선총독부 기관지 〈매일신보〉에 '성산 없는 독립운동은 생명과 재산의 손실만 초래하고 설사 일본이 독립을 승인할지라도 조선인에게는 나라를 지탱할 능력이 없다'는 글을 실어 독립운동을 방해했다. 1927년 삼남은행 두취에 취임하며 부친의 뒤를 이어 은행가로 변신했다. 1928년 6월 삼남은행이 조선상업은행에 합병되면서 조선상업은행 부두취를 맡았다. 1931년 1월에는 조선상업은행 두취가 되었다. 1933년 조선총독부 중추원 참의에 임명됐으며, 조선금융조합연합회, 조선신궁봉찬회, 조선국방의회연합회, 조선농회, 시중회 등의 임원을 맡아 활동했다. 1937년 중일전쟁 발발 이후에는 국방헌금 모금, 군용기 헌납 등에 앞장섰으며, 국민정신총동원 조선연맹, 시국대응전선사상보국연맹, 조선방공협회 등을 통해 일제의 침략 전쟁에 협력했다.

박영효 1861~1939

후작, 중추원 부의장, 일본제국의회 귀족원 의원. 1872년 2월 철종의 딸 영혜옹주와 결혼해 부마가 됐다. 1882년 임오군란의 수습을 위해 제3차 수신사로 임명돼 일본에 다녀왔다. 1884년 갑신정변을 일으켰지만 실패하고 일본으로 망명했다. 1888년에는 고종에게 장문의 '개화 상소'를 올려 조선의 자주독립과 부국강병을 주장했고, 1893년에는 도쿄에 친린의숙이라는 사립학교를 세워 운영했다. 1894년 청일전쟁이 일어나자 일본의 주선으로 귀국했고 제2차 김홍집 내각의 내부대신이 됐다. 그러나 1895년 7월 역모 혐의를 받고 다시 일본에 망명했다. 1900년 7월 의화군 이강을 국왕으로 추대하는 정변을 모의해 교수형을 선고받았다. 1907년 6월 특별 사면을 받고 궁내부대신으로 정계에 복귀했다. 고종 강제 퇴위에 반대했다는 이유로 1년간 제주도에 유배됐다. 강제 병합 후 일제로부터 후작 작위와 함께 은사 공채 28만 원을 받았다. 조선귀족들이 만든 조선귀족회의 회장을 맡았다. 1921년 4월 중추원 친임관 대우 고문에, 이어 1926년 3월 칙임관 대우 부의장에 임명되어 1939년 사망할 때까지 연임했다. 1922년 12월 식민 사관에 입각한 조선사 편찬과 자료 수집을 담당한 조선사편찬위원회의 고문을 맡았고, 1925년 7월 조선사편수회로 개편된 뒤에도 고문을 맡아 1939년 사망할 때까지 재임했다. 1932년 12월에는 조선인으로는 첫 일본제국의회 귀족원 칙선의원에 임명됐다. 1939년 9월 사망했다. 작위는 손자 박찬범에게 이어졌다.

박영희 1901~?

시인, 소설가, 평론가. 서울에서 태어났다. 1920년 배재고등보통학교 수료 후 일본 도쿄 세이소쿠영어학교에 유학했다. 1924년 개벽사에 입사해 학예부장을 맡았다. 1925년 8월 카프(KAPF: 조선프롤레타리아예술동맹) 결성을 주도하고 교양부 책임을 맡았다. 1931년 5월 신간회가 해소될 때 경성지부 해소위원장을 맡았다는 이유로 구속됐다. 1932년 불기소 처분으로 풀려났다. 1934년 1월 2일 자 〈동아일보〉에 '최근 문예 이론의 신전개와 그 경향'을 발표하고 카프 탈퇴와 전향을 선언했다. 같은 해 12월 제2차 카프 검거사건인 신건설사사건에 연루되어 구속되나 1935년 12월 징역 2년, 집행 유예 3년을 선고받고 풀려났다. 1936년 12월 공포된 조선사상범보호관찰령에 따라 만들어진 경성사상범보호관찰소에 수용됐다. 1938년 6월, 전향자를 국민정신총동원에 적극 참여시키기 위해 개최된 시국대응전국위원회에 조선인 대표위원으로 참석했으며, 7월에는 시국대응전선사상보국연맹 경성지부 간사, 상임간사, 후생부 부장 등을 역임했다. 같은 해 9월 조선방공협회 평의원이 됐다. 1939년 3월 황군위문작가단 실행위원에 선출됐으며, 1940년 5월 국민정신총동원 조선연맹 촉탁으로 기관지 《총동원》 편집에 관여했고, 12월에는 황도학회의 이사 겸 발기인으로 참여했다. 1941년 1월 국민총력조선연맹 문화부 문화위원에 선임됐다. 1942년 2월 싱가포르 함락 소식을 듣고 〈매일신보〉에 '감격에서 창조로'를 기고했으며, 9월 조선문인협회 간사장에 재선임됐다. 각종 단체에 참여해 활발하게 친일 활동을 벌였고, 문필 활동에 있어서도 적극적인 친일 성향을 드러내며 다수의 친일 관련 글을 남겼다. 해방 후 서울대학교 사범대학, 국민대, 홍익대 등에서 강사를 지냈다. 6·25전쟁 때 납북됐다.

박정희 1917~1979

군인. 경상북도 구미 출신으로 1937년 대구사범학교를 졸업하고 문경공립보통학교(1938년 문경서부심상소학교로 개칭)에서 3년간 교직 생활을 했다. 만주국 육군군관학교(신징군관학교)에 지원하기 위해 일본인으로서 멸사봉공(滅私奉公), 견마(犬馬)의 충성을 다하겠다는 혈서를 써 지원서와 함께 제출했다. 1940년 만주국 육군군관학교 제2기생으로 입학해 우등생으로 수료한 뒤 1942년 일본 육군사관학교 본과에 편입했다. 1944년 4월 졸업 후 견습 사관으로 관동군 제23사단 제72연대에 배속됐으며, 그해 7월부터 만주국군 제6군관구 소속 보병 제8단에서 소대장으로 근무했다. 1944년 12월 만주국군 보병 소위로 임관했고 1945년 7월 만주국군 중위로 진급했다. 일제 패망 후 직위에서 해임되고 무장 해제됐다. 1946년 귀국해 조선경비사관학교에 들어갔고 제2기로 졸업한 후 임관됐다. 육군 본부 정보국에 근무하고 있던 1948년, 남로당 군 내부 프락치 혐의로 체포되어 군법회의에 회부됐다. 육군 본부의 동료 및 상사의 구명운동으로 사형을 피했다. 이 때문에 한때 군인 신분을 박탈당했다가 6·25전쟁이 일어나자 현역으로 복귀했고, 1953년 준장으로 진급했다.

1961년 5월 16일, 군사 쿠데타를 일으키고 권력을 장악했다. 군사혁명위원회 부의장, 계엄부사령관, 계엄사무소장, 국가재건최고회의 부의장을 거쳐 국가재건최고회의 의장에 취임했다. 이해 8월 육군 중장으로 진급하고 11월에는 육군 대장이 됐다. 군사 쿠데타 이후 2년 7개월간 군정을 실시했다. 1963년 8월 육군 대장으로 예편 후 그해 10월 제5대 대통령 선거에서 대통령에 당선됐다. 이어 제6대, 7대, 8대, 9대 대통령을 연임했다. 재임 중 장기 집권을 위해 3선 개헌을 단행했으며(1969년 9월) 1972년 12월에는 유신 헌법을 공포해 유신 체제를 구축했다. 1979년 10월 26일 중앙정보부장 김재규의 저격을 받아 사망했다.

박제순 1858~1916

관료. 1885년 문과 급제, 홍문관 부교리, 사헌부 장령을 거쳐 청국과의 각종 통상 교섭과 관계된 사무를 담당했다. 1887년 이조참의, 성균관 대사성, 1889년 전환국 총판, 1890년 형조참판, 공조참판, 1891년 한성부 좌·우윤과 호조참판, 1892년 예조참판, 1893년 이조참판 등 요직을 두루 거쳤다. 1893년 8월 여주 목사, 1894년 4월부터 7월까지 전라도관찰사, 충청도관찰사를 지냈으며, 이때 동학 농민군 진압에 참여해 큰 공을 세웠다. 1896년 10월부터 1905년까지 여러 차례 외부대신을 지냈으며, 1899년 청국과 통상조약, 1900년 거제도협약, 1901년 3월 벨기에와 수호통상조약 등을 체결했다. 1902년 주청 전권공사에 임명되어 일본과 청국에 '삼국동맹'을 제안했지만 성사되지 않았다. 농상공부대신으로 재임하던 1905년 8월 일본의 이권 침탈에 반대하며 사직했다가 얼마 후 다시 외부대신으로 임명됐다. 러일전쟁에 승리한 일본이 을사조약을 추진하자 참정대신 한규설과 반대 입장을 표명하지만, 결국 1905년 11월 일본 특명전권공사 하야시 곤스케와 을사조약을 체결해 을사오적에 이름을 올렸다. 을사조약 체결 후 의정부 참정대신으로 친일 내각 수반이 됐고 여러 친일 단체에 관여했다. 을사조약에 반대하는 여론이 높아지고 친일 내각이 총사퇴할 때 함께 사퇴하는데, 바로 중추원 고문에 임명되고 1909년 2월 다시 내부대신이 됐으며, 11월 이토 히로부미 장례식 때 장충단에서 관민 추도회를 주도했다. 1909년 12월에는 내각총리대신 서리에 임명됐다. 1910년 6월 총리대신 서리로 경찰권을 일본에 이양하는 '한국경찰사무 위탁에 관한 각서'를 체결했고, 8월에는 내부대신으로 한일병합조약을 체결했다. 1910년 10월 일본 정부로부터 자작 작위를 받고 조선 총독 자문 기구인 중추원 고문에 임명됐으며 1911년 1월 은사 공채 10만 원을 받았다. 1911년 7월 경학원 대제학에 임명됐다. 조선 귀족으로서 일본 정부의 주요 행사에 참석했는데, 1915년 11월 다이쇼(大正) 천황 즉위 대례식에 "… 직접 거룩한 시대를 만나 성대한 의식을 올리는 것을 보게 되었는바, 하늘을 바라보고성인을 우러르면서 머리를 조아리며 절을 올립니다. …"라는 글을 지어 바쳤다. 1916년 6월 20일 사망했고, 귀족 작위는 아들 박부양에게 이어졌다.

박중양 1874~1959

관료. 1897년 관비 유학생으로 선발되어 일본에 유학했다. 러일전쟁에 일본군 통역관으로 참여했다. 1906년 이토 히로부미의 후원으로 주전원 경위국 경무관을 거쳐 대구군수 겸 경상북도관찰사 서리로 승진했다. 대구군수 재직 시 대구성을 허물고 도로를 만들어 일본인들의 상권 장악을 도왔다. 1907년 평안북도관찰사, 1908년 경상북도관찰사를 역임했다. 강제 병합 후 충청남도도장관에 임명됐다. 1915년 관직에서 물러나 중추원 찬의가 되었다가 다시 1921년 황해도지사, 1923년 충북도지사에 임명됐다. 1927년 중추원 참의에 임명되어 네 차례 연임했고, 1941년 중추원 고문, 1943년 중추원 부의장을 거쳐 1945년 4월에 일본제국의회 귀족원 의원이 됐다. 3·1혁명이 일어나자 '대구자제단'을 조직해 운동의 확산을 저지하고 참여자를 밀고하는 등 탄압에 앞장섰다. 1923년 일본의 관동대지진 때 재일 조선인이 큰 피해를 입자 '유언비어이니 현혹되지 말라'며 훈계하는 글을 발표했다. 그 외 동민회, 시중회, 조선임전보국단, 국민총력조선연맹 등 친일 단체에서도 활동했다. 조선총독부가 조선 통치 25년을 기념해 편찬한 《조선공로자명감》에서 "이토 이하 총독부 대관으로부터 역량·수완이 탁월하다고 인식되고 비상한 때에 진실로 믿을 수 있는 사람은 지사급에서는 박중양이다."라는 평가를 볼 수 있다. 해방 후 반민특위에 검거됐지만 병보석으로 풀려났다. 1946년부터 1953년까지 일기 형식으로 쓴 회고록 《술회》에서는 '일제 식민 통치를 통해 조선이 현대화되었으니 일본을 적대시해서는 안 된다'며 친일의 소신을 굽히지 않았다.

박춘금 1891~1973

정치 깡패. 1891년 경상남도 밀양에서 출생했으며, 일본으로 건너가 다양한 직종을 전전하다 재일 폭력배가 됐다. 1917년 5월 나고야조선인회 회장에 취임하고 일본인 폭력배 거두인 도야마 미쓰루와 교류했으며, 1920년에는 도쿄에서 조선인 노동자들을 모아 노동상구회를 조직하고 회장이 됐다. 1921년 12월 노동상구회가 상애회로 개편될 때 도쿄총본부 부회장에 선임됐다. 상애회는 "민족적 차별 관념 철폐와 일선융화(日鮮融和)의 철저를 기"하고 조선인 노동자의 정신 교화와 경제적 구제를 꾀한다는 목표로 결성된 융화 단체였다. 1923년 9월 관동대지진 때 조선인 노동 봉사대를 결성하고 시체 처리 등 복구 작업에 종사했다. 1924년 7월 하의도 소작쟁의에 개입해서는 농민 청년회를 습격했다. 1926년 상애회 회원을 동원해 가와사키의 조선노동조합을 공격했다. 1928년에는 상애회를 재단법인화하고 전직 총독부 경무국장 마루야마를 재단 이사장으로 영입했다. 1932년 도쿄 제4구에서 일본 중의원 의원에 당선됐다. 일제강점기 조선인으로 중의원 의원을 지낸 것은 박춘금이 유일했다. 중의원 의원으로서 조선총독부의 정책 노선을 대변했고, 국민협회의 참정권 청원운동에 동참했다. 1937년 다시 중의원 의원에 당선됐다. 조선과 일본을 오가며 이권 사업에 개입하고, 중일전쟁이 일어나자 일제를 옹호하는 시국 강연을 했으며, 조선지원병제도 시행을 축하·감사하는 각종 행사를 열었다. 1942년에는 징병제 실시를 환영하는 뜻을 발표하고 도쿄 메이지 신궁을 참배했다. 1943년 외아들을 지원병으로 내보낸 후 임시특별지원병익찬회 경성부 동부위원회 상임위원에 선임됐다. 이어 매일신보사 주최 학병격려대강연회에서 학도병 출진을 독려했다. 1945년 2월 '미국과 영국을 격멸하자, 조선인과 일본인의 단결, 성스러운 전쟁에서 승리하자'는 구호를 내걸고 조직된 대화동맹의 이사가 됐다. 1945년 6월에는 진충애국과 대아시아주의를 표방한 대의당을 조직하고 당수가 됐다. 7월 24일 서울 부민관에서 대의당이 개최한 아시아민족분격대회에서는 강윤국, 유만수, 조문기 세 청년이 폭탄 의거를 일으켰다. 해방 후 일본으로 도피해 도쿄 민단 중앙본부 고문을 맡았고, 1955년 6월 조국통일촉진협의회를 조직했다. 1957년 일한문화협회를 설립해 상임고문을 맡았고, 1962년 도쿄에 있는 아세아상사의 사장이 됐다.

박흥식 1903~1994

경제인. 1919년 서북 지역 제일 무역항인 진남포를 중심으로 미곡 무역상에 투신했다. 제1차 세계대전 후 급증하는 미곡 이출과 쌀값 폭등을 배경으로 거부를 축적했고, 이를 농지에 투자해 용강 최대 지주로 성장하는 한편 인쇄업과 지물업에도 진출해 1926년 6월, 지물 도매업을 전문으로 하는 선일지물주식회사를 설립하고 대표이사를 맡았다. 조선총독부 외사과장과의 친분을 바탕으로 일본 제지회사들과 특약을 맺고 동아일보사, 조선일보사 등과 신문 용지 전속 구매 계약을 맺었다. 이러한 성공을 바탕으로 1930년 12월 경성상공협회 이사를 맡았고, 1931년 화신상회를 인수하고 1932년에는 동아백화점을 합병한 후 1934년 2월 주식회사 화신으로 상호를 변경했다. 1936년 화신연쇄점주식회사, 1939년 화신무역주식회사 등을 설립해 사업을 확장했고, 1941년 9월 이를 합병해 화신상사주식회사를 설립해 사장에 취임했다. 1944년 전투기를 제조할 목적으로 조선비행기공업주식회사를 설립하고 사장에 취임했다. 같은 해 12월 일본 육군 대신으로부터 군수회사로 지정받았다. 기업 경영과 함께 일제의 식민 통치에 협력했다. 1937년 7월부터 경성보호관찰소 촉탁보호사로, 1938년 8월 조선총독부 시국대책조사회 위원으로, 1942년 3월 경성사법보호위원회 위원으로 일했다. 조선총독부 물가위원회, 조선중앙임금위원회, 기계화국방협회 조선지부 등 관변 단체에도 참여했다. 중일전쟁 발발 이후 전시총동원을 위한 각종 친일 단체(국민정신총동원 조선연맹, 조선방공협회, 배영동지회, 국민총력연맹, 조선임전보국단 등)에서 중요한 역할을 했다. 국방헌금 기부, 비행기 헌납 등에도 앞장섰다. 해방 후, 조선비행기공업주식회사의 상호를 조선기계공업주식회사로 바꿨으며, 주식회사 화신백화점, 흥한피복주식회사, 화신무역주식회사를 설립하고 기업 활동을 이어갔다. 1949년 1월 반민특위에 제1호로 체포됐지만 4월 병보석으로 석방됐다. 공민권 정지 2년을 구형받았지만 9월에 무죄 선고를 받았다. 1961년 5·16쿠데타 후 부정 축재자로 몰렸다가 풀려났다. 흥한화학섬유주식회사 사장, 학교법인 광신학원 이사장, 화신전기주식회사 대표를 지내다 1994년 5월 사망했다.

반야월 1917~2012

작사가 겸 가수. 경상남도 마산 출신이고, 본명은 박창오다. 진방남, 추미림, 박남포 등의 예명을 썼다. 진해 농산학교 재학 중 가정 형편이 어려워 학업을 중단했다. 1939년 태평레코드사에서 주관한 콩쿠르에 입상하여 진방남이라는 예명으로 가수 데뷔를 했다. 〈불효자는 웁니다〉, 〈꽃마차〉, 〈마상일기〉 등을 발표해 인기를 얻었다. 1942년부터 반야월이란 필명으로 작사 활동을 시작했다. 일제의 침략 전쟁에 협력하기 위한 군국 가요 〈조국의 아들〉, 〈일억총진군〉, 〈결전 태평양〉, 〈고원의 십오야〉를 쓰고 불렀다. 〈일억총진군〉의 가사는 다음과 같다. "나아가자 결전이다 일어나거라 / 간닌부쿠로(堪忍袋)의 줄은 터졌다 / 민족의 진군이다 총력전이다 / 피 뛰는 일억일심(一億一心) 함성을 쳐라 // 싸움터 먼저 나간 황군(皇軍) 장병아 / 총후(銃後)는 튼튼하다 걱정 마시오 / 한 사람 한 집안이 모다 결사대 / 아카이타스키(赤い襷)에 피가 끓는다 // 올려라 히노마루(日の丸) 빛나는 국기 / 우리는 신의 나라 자손이란다 / 임금께 일사보국(一死報國) 바치는 목숨 / 무엇이 두려우랴 거리끼겠소 // 대동아 재건이다 앞장잡이다 / 역사는 아름답고 평화는 온다 / 민족의 대진군아 발을 맞추자 / 승리다 대일본은 만세 만만세"

해방 후 마산방송국 문예부장으로 일했고, 1950년 〈울고 넘는 박달재〉, 1954년 〈망향의 탱고〉, 〈비 내리는 삼랑진〉, 1956년 〈단장의 미아리고개〉, 〈다정도 병이런가〉 등 1970년대까지 수많은 인기곡을 발표했다. 1956년 대한레코드작가협회 이사, 1961년 한국연예협회 창작분과 초대 위원장, 1964년 한국음악저작권협회 이사 등을 역임했다. 1991년 문화훈장 화관장을 받았다.

방응모 1884~?

언론인. 평안북도 정주 출생이다. 1924년 평안북도 삭주의 교동광업소를 인수하고 금광 개발에 뛰어들어 굴지의 광산업자로 성장했다. 1932년 교동광산을 135만 원이란 거액에 일본 중외광업주식회사에 매각하고, 1933년 자금난에 허덕이는 〈조선일보〉 경영권을 인수해 부사장에 취임했다. 그해 7월 조선일보사 사장에 취임해 1940년 8월 폐간할 때까지 재직했다. 1933년 10월 조선 신궁 설립 10주년 기념사업을 위한 조선신궁봉찬회에 발기인 겸 고문으로 참여했으며, 1934년 3월 조선대아세아협회 상담역에 추대됐다. 1935년 10월 잡지 《조광(朝光)》을 창간했다. 1937년 중일전쟁 개전 이후 〈조선일보〉는 편집 방침을 바꿔 '일본 국민'의 입장에서 신문을 발행했으며, 사장 방응모는 일제의 침략 전쟁을 옹호하는 활동에 나섰다. 1937년 7월 경성군사후원연맹 위원을 맡았고, 8월에는 조선총독부 학무국이 개최한 전조선순회시국강연회에 참여, 경기도를 순회하며 강연 활동을 했다. 이후 국민정신총동원 조선연맹, 배영동지회, 국민총력조선연맹, 조선임전보국단 등 전시총동원을 위한 관변 단체에서 주요 직책을 맡았다. 언론인으로서 일제의 침략 전쟁에 적극 협력하는 글도 썼다. 《조광》 1942년 2월 호에서는 '태평양전쟁을 영국과 미국의 침략에서 벗어나 공영권을 건설하고 세계 평화를 도모하려는 것'으로 규정하고, 전쟁에 이기기 위해 조선인들도 당국을 절대적으로 신뢰할 것, 국민개로운동에 동참할 것, 물자 절약에 솔선하며 저금을 강화해 전비 확충에 협력할 것 등을 강조했다. 해방 이후 건국준비위원회 위원으로 활동하며 1945년 11월 〈조선일보〉를 복간했다. 신탁통치반대 국민총동원위원회 중앙위원, 대한독립촉성국민회 부회장, 한독당 중앙집행위원 등으로 활동했다. 6·25전쟁 중 납북되어 생사가 확인되지 않았다.

배상명 1906~1986

교육자. 평안남도 강서 출신으로 1923년 동덕여학교를 졸업했다. 삼선학교 교사로 근무하다가 일본으로 건너가 1937년 5월 도쿄고등기예학교 사범과를 졸업했다. 귀국 후 1937년 11월 상명고등기예학원을 설립하고, 1940년 교명을 상명실천여학교로 바꿔 교장이 됐다. 1940년부터 〈매일신보〉 등에 일제의 침략 전쟁에 참여할 것을 권유하는 기고를 했고, 1941년 조선임전보국단의 발기인 및 평의원으로 활동했다. 1942년 5월 조선에서 징병제 실시가 결정되자 〈매일신보〉에 '역사에 남을 여성이 되자'라는 글을 발표했다. "징병령 실시로 조선인이 이제 떳떳한 제국 군인이 되는 영광"을 얻었으며, 교육자인 자신은 "조선 여성을 군인의 아내이자 어머니로 교육할 기회를 가지게 되었다"는 감격 어린 내용이었다. 1943년 11월에는 임시특별지원병제도 종로익찬위원회 실행위원을 맡아 가정 방문을 하며 지원병 지원을 독려했다. 1944년 5월 26일 자 〈매일신보〉에는 "징용도 징병과 마찬가지로 명예로운 의무라며 적극 참여할 것"을 강조하는 글을 기고했다. 이 외에도 전시 체제에 호응하고 전쟁 협력을 강조하는 글을 여러 편 남겼다. 해방 후 1945년 11월 상명여자상업학교를 설립해 교장에 취임했다. 1948년 교육 시찰단의 일원으로 미국에 유학했다. 1960년 5월 서울사립중등학교장회 이사, 1961년 11월 대한사립중등학교장회연합회 이사를 지냈다. 1964년 상명초등학교를 설립했으며, 이듬해에는 상명여자사범대학을 설립해 초대 학장이 됐다. 1980년 상명여자사범대학 이사장에 취임했다. 1964년 국민훈장 동백장, 1982년 국민훈장 모란장을 받았다.

배정자 1870~1952

밀정. 경상남도 김해에서 태어났다. 1883년 양산 통도사에서 출가했다. 1885년 일본으로 건너가 1887년 9월 이토 히로부미의 밑에서 밀정 교육을 받았다. 1893년 귀국해 이듬해 일본군의 군사 탐정으로 청일전쟁에 참가했다. 이토의 밀서를 고종에게 전달한 밀서사건으로 1905년 2월부터 10월까지 부산 절영도에 유배됐다. 1918년 10월부터 1919년 10월 중국 하얼빈 주재 일본총영사관 밀정으로 활동했다. 북만주에서 활동하던 조선인 독립운동가에 관한 정보를 수집하고 독립운동 와해 공작을 폈으며, 3·1혁명을 방해하는 활동을 했다. 1921년 일본 외무성 촉탁이자 펑톈 주재 일본총영사관 밀정으로 남만주 일대 조선인의 정황을 시찰하여 정탐했다. 당시 〈독립신문〉은 "요녀 배정자가 서간도 각지를 순찰한다"고 보도했다. 1921년 3월에는 만주에서 일본영사관의 지휘를 받는 친일 무장단체인 만주보민회 총본부 고문을 맡았다. 1929년에는 경무국 촉탁으로 만주와 시베리아 일대, 그리고 도쿄에서 조선인의 정황을 정탐하고 조선으로 돌아와 조선 총독과 총독부 보안과장에게 보고했다. 1937년 중일전쟁이 일어나자 군사 정탐 활동에 주력했다. 1937년 7월 경성에 동양극장을 설립했고, 1939년에는 조선총독부 경무국 촉탁으로 활동했다. 태평양전쟁이 일어나자 조선 여성을 동원해 일본군 위문대를 조직한 후 남양 군도에서 위문 활동을 벌였다. 해방 후 반민특위에 체포됐지만 고령을 이유로 보석 석방되고, 1952년 2월 27일 사망했다.

백낙준 1896~1985

종교인, 교육자. 평안북도 정주에서 출생했다. 1918년 미국에 유학해 미주리주 파크 대학에서 역사학을 전공하고, 1922년 9월 프린스턴신학교에 입학, 1925년 9월에 졸업했다. 이어 예일 대학교 대학원에서 종교사학을 전공해 철학박사학위를 받았다. 미국북장로회 캔자스시 노회에서 목사 안수를 받고 귀국했다. 1927년 연희전문학교 교수로 부임했고 1928년 7월부터 수양동우회에서 활동했으며, 1930년에는 조선연합선교회 이사를 맡았다. 1932년 조선기독교연합공의회 이사, 1934년 5월 진단학회 발기인, 1936년 10월 재단법인 조선중앙기독교청년회 유지재단 이사를 맡았다. 1937년 5월부터 미국에 건너가 머무는 동안 수양동우회사건이 일어났다. 1939년 귀국해 조사를 받았고, 연희전문학교 교수직을 사임했다. 1940년부터 일제의 침략 전쟁에 협력하는 각종 설교, 강연 활동을 했다. 1941년부터 조선기독교서회, 조선성서공회 등의 기독교 출판 단체에서 활동했다. 당시 이 단체들은 '반도 기독교계의 국책 순응과 종교 보국을 위한 혁신'을 표방하고 있었다. 1941년 조선예수교장로회의 애국기헌납기성회 부회장을 맡았고, 그해 9월에는 조선임전보국단에 참여했다. 1942년 2월에는 국민총력 조선예수교장로회총회연맹이 주최하는 시국 강연에 나섰고, 그해 4월에는 기독교신문협회 이사, 〈기독교신문〉 편집위원을 맡았다. 1942년 5월 20일 자 〈기독교신문〉에 기고한 설교문에는 조선에서 징병제를 실시한다는 발표에 대해 '일본 천황이 우리를 신뢰한다는 분부이니 조국 일본을 결사 수호하고 황위를 사해에 떨치자'는 내용을 담았다. 이후 〈기독교신문〉, 〈매일신보〉, 〈방송지우〉 등의 지면을 통해 반복적으로 일제의 침략 전쟁을 찬양하고 조선인의 전쟁 협력을 강조하는 글을 발표했다. 해방 후 연희전문학교 교장, 연희대학교 초대 총장, 문교부 장관, 연세대학교 초대 총장 등을 지냈다. 1960년 7월 참의원 선거에서 당선되지만 5·16군사쿠데타로 정치 활동을 금지당했다. 1985년 1월 사망할 때까지 연세대학교 명예총장을 지냈다. 1970년 국민훈장 무궁화장을 받았다.

백년설 1915~1980

대중가요 가수. 경상북도 성주 출신으로 본명은 이갑룡이다. 1938년 연극을 공부하기 위해 태평레코드사 전속 가수들을 따라 일본으로 건너갔다. 이때 시험 삼아 녹음한 〈유랑극단〉이 뜻밖의 반응을 불러와 극작가가 되기를 포기하고 본격적으로 가수 생활을 시작했다. 태평레코드사에서 〈나그네 설움〉, 〈번지 없는 주막〉, 〈복지만리〉 등을 유행시키며 당대 최고의 인기 가수 반열에 올랐다. 이어 오케레코드사로 옮겨 〈천리정처〉, 〈더벅머리 과거〉, 〈알성급제〉 등 많은 인기곡을 발표했다. 해방 이전 작품은 약 70여 곡이 확인된다. 1941년부터 일제의 침략 전쟁을 찬양하는 〈아리랑 만주〉, 〈모자상봉〉, 〈아들의 혈서〉, 〈조선해협〉, 〈혈서지원〉 등의 군국 가요를 취입했다. 〈모자상봉〉은 일본의 유명한 군국 가요를 번안한 작품이고, 〈조선해협〉은 1943년에 나온 지원병 선전 영화 〈조선해협〉의 주제가다. 1941년 10월에는 매일신보사가 주최한 조선 각지의 일본군 위문 공연에, 1942년 8월에는 만주 건국 10주년 기념 공연에 참가했다. 해방 이후에는 가수 활동보다 고아원 운영과 사업체 경영에 더 주력했다. 6·25전쟁 이후 다시 음반을 발표했다. 1956년 대한레코드작가협회 감사, 평화신문사 사업국장을, 1958년 무렵에는 센츄리레코드사 문예부장을 맡았다. 〈번지 없는 주막〉 등의 영화를 제작하기도 했고, 1963년에는 한국연예단장협회 초대 회장에 취임했다. 그해 7월 은퇴한 후 공연단체 운영에 주력했다. 1978년 미국으로 건너가 투병하다가 1980년 12월 6일 사망했다. 2002년 문화훈장 보관장이 추서됐다.

백선엽 1920~2020

군인. 평안남도 강서에서 태어났다. 1940년 중국 펑톈의 중앙육군훈련처(펑톈군관학교)에 입학해 1942년 제9기로 졸업하고 1943년 만주국군 소위로 임관했다. 간도특설대에서 근무하며 반만 항일 항쟁에 나섰던 동북항일연군과 팔로군 토벌 작전을 수행했다. 일제 패망 당시 만주국군 중위였다. 1945년 9월 귀국해 평양에 있던 조만식의 비서로 잠시 일하다가 월남했다. 1945년 12월 군사영어학교 제1기생으로 입학해 이듬해 2월 육군 중위로 임관했다. 대한민국 정부 수립 후 육군본부 정보국장으로 재직하다가 1949년 7월 제5사단장으로 부임했다. 1950년 4월부터 제1사단장으로 복무하던 중 6·25전쟁이 일어났다. 1950년 7월 준장, 1951년 4월 소장, 1952년 1월 중장, 1953년 1월 대장으로 진급했다. 1960년 5월 예편했으며, 이후 주중화민국대사, 주프랑스대사, 주캐나다대사 등을 거쳐 1969년 10월부터 1971년 1월까지 교통부 장관을 지냈다. 1973년부터 1980년 3월까지 한국종합화학공업주식회사 사장을 지냈다.

백철 1908~1985

문학평론가. 신의주고등보통학교 졸업 후 1927년 3월 일본 도쿄고등사범학교 영문과에 입학했다. 1930년 전일본무산자예술동맹(NAPF, 나프)에 가입해 나프의 전문지인 《전위시인》의 동인으로 활동했다. 1931년 졸업 후 귀국해 개벽사 기자와 조선프롤레타리아예술동맹(KAPF, 카프) 맹원으로 활동을 시작했다. 1931년 10월 1일부터 20일까지 〈조선일보〉에 연재한 '농민문학문제'로 본격적인 평론가의 길에 들어섰다. 1934년 8월 카프 제2차 검거사건(전주사건, 신건설사사건)에 연루돼 1년 반 동안 전주 형무소에 수감됐다 1935년 12월 석방됐다. 1938년 12월 22일부터 27일까지 〈동아일보〉에 일종의 전향서인 '비애의 성사'를 발표했다. 1939년 3월 조선총독부 기관지 〈매일신보〉 기자로 입사했으며, 10월에는 조선문인협회 발기인으로 참여했다. 1940년 11월 조선문인협회가 주최한 시국 강연의 간사로 선출되어 '총력운동과 선전의 임무'라는 강연을 했다. 1941년 1월 국민총력조선연맹 문화부 위원을 맡았고, 그해 2월 '부여 신궁 조영 공사'에 근로 봉사를 했으며, 경성미술가협회 이사와 조선문인협회 상무간사를 맡았다. 1943년 4월 매일신보사 베이징지사장으로 부임했다. 1938년

12월 〈조선일보〉에 친일 성향의 평론 '시대적 우연의 수리'를 쓴 것을 시작으로 이후 대동아 공영권과 침략 전쟁을 찬양하고 조선인의 징병 혹은 학병을 독려하는 글을 다수 발표했다. 1942년 6월부터 7월까지 《동양지광》에 발표한 평론 '문학의 이상성'에서는 서구를 구세력으로, 일본을 신흥 세력으로 구분한 뒤 일본 민족을 "2602년이란 장구한 시간 동안 대화혼(大和魂)이라는 독특한 정신을 혈관 속에 이어온 우수한 정신력을 가진 민족"으로 평가했다. 그리고 문학이 일본의 전쟁 승리에 기여할 수 있어야 한다고 강조했다. 해방 이후 서울여자사범대학 교수, 서울대학교 사범대학 교수, 동국대학교 교수, 중앙대학교 문리대 학장을 차례로 역임했다. 1966년에는 대한민국예술원 회원으로 선출됐다. 1968년 《백철문학전집》을 발간했으며, 1971년 국민훈장 모란장, 1976년 제17회 3·1문화상 예술상을 받았다.

서정주 1915~2000

시인. 전라북도 고창에서 태어났다. 서울 중앙고등보통학교를 다니다 1930년 11월 광주학생운동 기념 시위를 주도해 퇴학당했다. 1933년 12월 〈동아일보〉에 시 〈그 어머니의 부탁〉으로 등단했다. 1936년 〈동아일보〉 신춘문예에 시 〈벽〉이 당선됐다. 1941년 첫 시집 《화사집(花蛇集)》을 발간하고 동대문여학교 교사로 부임했다. 1943년 11월 무렵 최재서가 경영하던 인문사에 입사해 일본어 문예지 《국민문학》과 《국민시가》를 편집했다. 서정주는 시·소설·잡문·평론 등을 통해 일제에 협력했다. 1942년 7월 〈매일신보〉에 평론 '시 이야기-주로 국민 시가에 대하여'를 발표하면서 친일 활동을 시작했다. 1943년 수필 〈징병 적령기의 아들을 둔 조선의 어머니에게〉, 1944년 시 〈마쓰이 오장 송가〉 등을 통해 태평양전쟁과 가미카제 같은 일본의 전쟁 범죄를 찬양했으며, 학도병 지원을 권유하고 징병의 필요성과 의미를 강조하며 일제의 식민 정책에 동조해야 한다고 주장했다. 해방 후 조선청년문학가협회를 결성, 시분과위원장으로 활동했다. 조선대학교, 서라벌예술대학, 동국대학교 등에서 학생들을 가르쳤으며, 현대시인협회 회장, 한국문인협회 이사장 등을 역임하면서 한국문학계에 큰 영향력을 행사했다. 1966년 대한민국 예술원상을 받았다. 1972년 발간한 《서정주문학전집》에 수록된 글에서 자신은 친일파 혹은 부일파가 아니라 일본의 욱일승천지세(旭日昇天之勢) 밑에서 종천순일파(從天順日派)로 체념하며 살아간 것에 지나지 않았다고 항변했다. 2000년 사망 후 금관문화훈장이 추서됐다.

서춘 1894~1944

언론인. 평안북도 정주에서 태어났다. 일본 유학 중 2·8 독립선언 당시 실행위원으로 참여해 금고 9월 형을 선고받았다. 1926년 교토제국대학 경제학부를 졸업했다. 동아일보사와 조선일보사에서 근무하며 경제 전문가로 활발한 평론 활동을 전개했다. 처음에는 조선 경제의 자본주의적 발전 속에서 조선인이 당하는 피해에 중점을 두고 조선총독부의 정책을 비판했지만, 차츰 그런 비판보다는 조선 경제의 계량적 발전에 주목하는 방향으로 나아갔다. 1937년 중일전쟁을 전후해서는 조선총독부에서 추진하는 정책을 적극 지지하거나 직접 참여하면서 이를 뒷받침하기 위한 평론을 쓰거나 계몽 활동을 전개했다. 1938년 국민정신총동원 조선연맹 후원을 위해 결성된 목요회에 회원으로 참가했고, 1939년에는 국민정신총동원 조선연맹 기관지《총동원》의 편찬위원을 맡았다. 1940년부터 1942년까지〈매일신보〉주필을 지내면서 시국 강연 강사와 매일신보사가 주최한 전국순회 시국강연반 강사로 활동했다. 1941년 조선임전보국단의 경성 지역 발기인과 평의원으로 활동했고, 1943년부터 매일신보사 주필과 취체역을 겸했으며, 국민총력조선연맹 선전부 문화위원회 위원으로 임명됐다. 2·8 독립선언에 참여한 공적으로 1963년 건국훈장 독립장이 추서되나, 친일 행적 논란으로 1996년 서훈이 취소됐다.

선우순 1891~1933

밀정. 일본으로 유학해 1914년 12월 일본 도시샤대학 신학과를 졸업했다. 1915년 일본조합교회인 평양기성기독교회의 전도사가 되어 포교 활동을 했다. 3·1혁명의 확산을 막기 위해 일본조합교회 주도로 전개된 대시국특별운동 서선(西鮮) 방면의 책임자로 활동했다. 1919년 8월부터 1926년 말까지 사이토 마코토 조선 총독을 119회 면회했다. 이를 통해 조선인의 동향을 보고하고 대응책을 건의해 그 대가로 기밀비를 받았다. 1920년 11월 조선과 일본 양 민족의 공존공영을 강령으로 한 대동동지회를 조직하고 회장을 맡았다. 민원식과 막상막하로 1920년대 최대의 친일파로 손꼽힌다. 조선에서 '내선일체'라는 말을 처음으로 쓴 것도 선우순이라고 전해진다. 1921년부터 1933년 사망할 때까지 중추원 참의를 지냈다.

손목인 1913~1999

대중음악 작곡가. 경상남도 진주 출신으로 1932년 도쿄제국음악학교에 입학해 피아노를 전공했다. 1933년 여름 방학 때 귀국했다가 오케레코드사에서 대중가요 작곡을 시작해 1934년 첫 작품이 발매됐다. 이후 도쿄고등음악학원에 편입해 학업을 계속했고, 귀국해서 오케레코드사와 콜롬비아레코드사에서〈타향〉,〈목포의 눈물〉,〈돈도 싫소 사랑도 싫소〉등의 가요를 작곡했다. 현재 확인되는 해방 이전 작품은 약 220곡 정도다. 1937년 이후〈총후의 기원〉,〈보내는 위문대〉,〈봄날의 화신〉,〈참사랑〉등 일제의 침략 전쟁을 미화하는 군국 가요를 작곡했다. 1944년 2월에는 매일신보사가 조직한 매신산업전사위문격려대의 대원으로 순회공연에 참가했다. 해방 이후 조선음악가협회 위원, 서울중앙방송국 경음악단 지휘자 등으로 활동했고, 전쟁 중이던 1952년 3월에서 7월 사이에 일본으로 밀항했다가 1957년 불법 체류가 적발되어 귀국했다. 1958년〈눈 내리는 밤〉, 1964년〈모녀기타〉, 1966년〈아빠의 청춘〉등을 발표했다. 1967년 베트남에 건너가 한국군 위문 공연을 했고, 미국과 일본에 거주하며 음악 활동을 했다. 1987년 문화훈장 화관장을 받았다.

손영목 1888~1950

관료. 경상남도 밀양 출신으로 1909년 사립 진성학교 고등과를 졸업하고 내부 지방국 주사로 들어갔다. 합병 직후인 1910년 10월 경상남도 서기로 근무했다. 1917년 군수로 승진해 고성·동래·울산군수를 지내고, 1928년 조선총독부 사무관으로 승진했다. 이후 조선사편수회 간사, 강원도 참여관, 경상남도 참여관을 거쳐 1935년 강원도지사, 1937년 전북도지사가 됐다. 1937년 7월 '군용 비행기 전북호 헌납 기성회'를 조직해 국방헌금과 애국기 헌납 자금 약 22만여 원을 모금했고, 같은 해 10월 일본 육해군의 군용 애국기 3대 구입비로 헌납했다. 1939년 4월 국민정신총동원 조선연맹의 참여(參與)로 활동했으며, 8월에는 전라북도 도민 대표로 92식 중기관총 고사용구 2개, 96식 경기관총 1대, 92식 중기관총 실탄 2400여 발 등을 헌납했다. 이러한 친일 행각은 1940년 퇴직 후에도 이어져 선만척식회사 이사, 국민총력조선연맹 후생부장 등을 역임했고, 흥아보국단, 조선임전보국단 등에 참여하면서 일제의 침략 전쟁에 적극 협력했다. 1945년 6월 관직에 복귀해 다시 강원도지사에 임명됐다. 해방 후 미 군정에 의해 해임된 후 고향 밀양으로 내려갔고, 1949년 3월 반민특위에 체포됐다. 그러나 병보석으로 풀려났고 1950년 고향에서 사망했다.

송금선 1905~1987

교육자. 서울 출신이다. 숙명여자고등보통학교를 졸업하고 1919년 일본으로 건너가 니가타현 가시와자키고등여학교와 도쿄 오차노미즈여자고등사범학교 가사과를 졸업했다. 1925년 귀국해 숙명여자고등보통학교 교사, 1926년 일신여자고등보통학교 교사, 1930년 동덕여자고등보통학교 교사를 거쳐 1934년 이화여자전문학교 가사과 교수에 임용됐다. 이후 각종 관변 단체에 참여하며 여성들을 대상으로 일제의 식민 정책 홍보 사업에 앞장섰다. 1937년 중일전쟁이 발발하자 애국금차회 발기인이 되어 금비녀 헌납운동 등을 벌였고, 1939년 조선총독부 고위 관료의 부인들과 여성계 명사들이 주축이 된 청담회에 참여했다. 1940년 덕성여자실업학교 교장, 1942년 재단법인 덕성학원 이사에 취임했다. 이후 국민총력조선연맹 경성부연맹 이사를 맡았고, 부인과 여성을 대상으로 하는 순회강연을 했으며, 각종 신문과 잡지에 일본의 침략 전쟁을 미화하고 협력을 촉구하는 글을 발표했다. 광복 후 덕성고등여학교 교장, 1950년 덕성여자초급대학(덕성여자대학으로 개편) 초대 학장이 됐다. 1960년 4·19혁명 당시 학교에서 교장 배척, 이사진 퇴진 운동이 일어나서 잠시 교장직에서 물러났다가 곧 복귀했다. 이후 교육 활동과 여성 활동을 벌이다가 1972년 통일주체국민회의 대의원이 됐다. 1974년 훌륭한어머니상과 국민훈장 동백장을 받았다.

송병준 1858~1925

관료. 함경남도 장진 출생으로 1871년 무과에 급제했다. 훈련원 주부·판관·첨정을 지냈고, 1875년 4월 사헌부 감찰에 임명됐다. 1882년 임오군란과 1884년 갑신정변으로 가산이 불타는 피해를 입었다. 1886년 일본에서 김옥균과 공모한 혐의로 체포됐다가 풀려났다. 일본으로 건너가 노다 헤이지로로 행세하며 정치인과 명사 들을 만나는 한편 야마구치현에서 양잠제사와 직물염색연습소를 운영했다. 1904년 러일전쟁이 일어나자 일본 육군 소장 오타니 기쿠조의 군사 통역으로 종군했다. 1904년 8월 18일 윤시병, 유학주 등과 유신회(이후 일진회로 개칭)를 만들고, 12월 동학 조직인 진보회와 합병해 전국 최대 규모의 정치 결사를 조직했다. 1905년 11월 일진회 평의장으로서 외교권

이양을 주장하는 보호 청원 선언서를 발표했다. 1907년에는 이완용 내각이 수립되자 농상공부대신에 임명되어 광산사무국 총재를 겸했다. 헤이그특사사건이 일어나자 이완용 등과 함께 고종의 강제 퇴위를 강요했고, 다음 달에는 정미조약 체결에 앞장섰다. 1909년 3월 일진회 총재에 선출되어 일본으로 건너갔고 '일한합방의 선결 문제', '일한합방 후의 한국제도' 등의 문건을 제출했다. 같은 해 12월에는 일진회 회원 이름으로 순종과 이완용 내각 및 통감부에 '정합방상주문'을 제출했으며, '국민 이천만 동포에게 서고(誓告)라는 성명서'를 발표했다. 강제 병합 후 일본으로부터 자작 작위를 받고 조선 총독 자문 기구인 중추원 고문에 임명됐다. 1919년 3·1혁명 이후 식민 통치에 협력한 공로로 일본 홋카이도의 막대한 토지를 불하받았고 1920년 12월 백작으로 승작됐다. 1921년 중추원 관제 개정 후에도 다시 중추원 고문에 임명됐다. 대정친목회가 가지고 있던 〈조선일보〉 판권을 인수해 1924년 9월까지 운영했고, 1924년 4월 동민회 창립에 참여했다. 금강산전기철도, 조선상업은행, 고려요업주식회사 등의 사업에 관여하다가 1925년 2월 1일 사망했다. 일제 식민 통치 기간 동안 일제로부터 '일한병합의 선구자'로 평가받았다.

송석하 1915~1999
군인. 충청남도 대전 출생이다. 1937년 만주국 군관 양성 기관인 중앙육군훈련처(평톈군관학교)를 제5기 수석으로 졸업해 만주국 황제로부터 금시계를 받았다. 만주국 소위로 임관하고 항일 무장 세력을 진압하기 위해 창설된 간도특설대에서 활동했다. 해방 후 1946년 12월 조선경비사관학교를 제2기로 졸업한 뒤 국방경비대 소위로 임관했다. 1948년 육군 소령으로 특진했고 1949년 수도경비사령부 참모장, 6·25전쟁 때는 제20사단장으로 참전했다. 1955년 육군 소장으로 진급했다. 5·16군사쿠데타 이후 한국국방연구원장을 지냈고 1963년 예편 후 민주공화당 중앙상임위원, 1969년 한국수출산업공단 이사장 등을 역임했다. 사망 후 국립대전현충원에 안장됐다.

송종헌 1876~1949
귀족. 용인 출신으로, 한일합방을 주장한 송병준의 장남이다. 부친 사후 백작 작위와 재산을 상속받고 중추원 참의를 역임했다. 1917년 송병준이 설립한 조선농업주식회사의 이사 겸 감사를 지내다가 1931년 10월 사장을 맡아 운영했다. 중앙신탁주식회사, 조선소작인상조회, 교육실천회 등에 관여했다. 1924년에는 조선예술단을 경영했다. 1925년 경성금융주식회사 이사, 1929년 중앙물산주식회사 이사를 지냈다. 1930년 국민협회 회장에 선출됐고, 기관지 《민중신문》을 창간해 사장에 취임했다. 1931년에는 국민협회 회장 명의로 조선에 중의원 의원선거법을 시행해줄 것을 청원하는 건백서를 일본 제국의회에 제출했다. 1938년 대동일진회 고문, 1939년 조선유도연합회 평의원 등을 맡아 유림계의 친일 협력에 가담했다. 국민정신총동원 조선연맹, 국민총력조선연맹 평의원으로 활동했으며, 1945년 3월 일본제국의회 귀족원 칙선의원에 선임됐다. 해방 후 반민특위에 체포됐으며, 1949년 5월 사망했다.

신봉조 1900~1992

교육자. 강원도 정선 출신이다. 배재고등보통학교 학생으로 3·1혁명에 참여했다가 징역 6월을 선고받았다. 1924년 연희전문학교에 입학해 역사학을 전공했으며, 졸업 후 배재고등보통학교 교사로 부임했다. 1927년 일본으로 건너가 도호쿠제국대학 법문학부를 졸업한 후 배재고등학교에 복직했다. 1938년 이화고등여학교 교장에 취임했다.

1939년부터 국민정신총동원 조선연맹 참사, 1940년 황도학회 발기인 겸 회장을 맡아 일제의 침략 전쟁에 적극 협력했다. 1941년에는 조선임전보국단 발기인으로 참여했다. 학병 지원을 권유하는 강연을 했으며, 각종 신문과 잡지에 친일 내용의 글을 실었다. 1941년 12월 14일 자〈매일신보〉에 기고한 '동서의 적은 영국과 미국, 일·독·이(日獨伊)의 위대한 힘, 세계 신질서는 이제부터'라는 글에서는 일본, 독일, 이탈리아 삼국동맹을 찬양했다. 징병제 실시에 관한 좌담회, 각종 시국 간담회에 참석했으며, 1943년 11월 배재중학교에서 학병 지원을 권유하는 강연을 했다. 해방 후 1945년 10월부터 이화여자고등학교 교장을 맡았다. 1953년에는 이화예술고등학교를 설립해 교장을 겸직했다. 1954년 학교법인 상명학원의 이사 및 이사장, 1961년부터 학교법인 이화학원의 상무이사를 지냈다.

신응균 1921~1996

군인. 일본 나고야에서 태어났다. 일본 육사 제26기 출신 일본군 중좌 신태영의 장남이다. 1940년 일본 육군사관학교 졸업 후 일본군 소위로 임관했다. 일본 육군과학학교 포병과에서 고급 군사 기술을 습득하고 육군중포병학교 교도대에서 복무했으며 1943년 중포병 대위로 진급했다. 1944년 오키나와로 파견되어 중포 중대장으로 근무했다. 1945년 4월 오키나와전투에서 미군과 교전하다가 부상당한 후 포로가 됐다. 해방 후 1946년 귀국해 진명여자고등학교 교사로 근무했다. 1948년 7월 항공 이등병으로 입대했다. 입대 후 한 달 만에 육군 장교가 됐으며, 포병학교 교장을 역임했다. 6·25전쟁 때 제1야전 포병사령관을 지냈고, 이후 제2사단장과 육군 관리부장을 거쳐 육군 중장에 올랐다. 1959년 예편 후 터키대사와 서독대사 등을 역임했으며, 1970년 국방과학연구소 소장, 1973년 재향군인회 부회장, 1990년 한국과학기술단체총연합회 고문 등을 역임했다.

신태영 1891~1959

군인. 대한제국 육군무관학교를 거쳐 관비 유학생으로 일본 육군사관학교를 졸업했다. 1914년 12월 일본군 육군 보병 소위로 임관했다. 1915년부터 나고야 제3사단 보병 제33연대 장교로 복무, 1918년부터 시작된 일본의 시베리아 간섭전쟁에 참전했다. 1926년부터 1934년까지는 조선군 제19사단 보병 제74연대(함흥)에, 1934년부터는 제20사단 보병 제80연대(대구)에서 복무했다. 1933년 소좌, 1938년 중좌로 진급했다. 1935년 만주사변 논공행상 시 욱일장 4등을 받았다. 1942년 7월에는 용산 정차장 사령관으로 침략 전쟁 수행을 위한 후방 병참 업무에 종사했다. 해방 이후 입대하지 않다가 1948년 10월 여순사건이 터지자 자진 입대했다. 1949년 10월 소장으로 진급하면서 육군 참모총장 대리가 됐으나 1950년 4월 자진 퇴역했다. 6·25전쟁이 발발하자 군에 복귀해 전북편성

관구사령관이 됐으나 국방장관 신성모와 작전상 의견 충돌이 생겨 1950년 7월 면직됐다. 1952년 1월 중장으로 승진했고, 3월 국방부 장관이 됐다. 1952년부터 1953년까지 재향군인회 회장을 지내고 1956년 6월 예편했다.

신현준 1916~2007 군인. 경북 금릉에서 태어났다. 어릴 적 만주로 이주해 하얼빈보통학교를 다니다 만주군 통역으로 근무했다. 1936년 만주국 중앙육군훈련처(평톈군관학교)에 입학해 1937년 9월 제5기로 졸업했다. 만주군 장교로 근무하며 1938년 12월 항일 조직을 탄압하는 간도특설대 창설 멤버로 참여했다. 1943년부터 간도특설대 기관총 박격포 중대에서 백선엽 소위와 함께 근무했다. 1944년 3월 대위로 진급하고, 8월 만주국군 보병 제8단 제6연장으로 임명됐다. 당시 보병 제8단에는 박정희, 이주일, 방원철 등이 장교로 복무하고 있었다. 일제 패망 후 동료 중국인 군인들에 의해 직위 해임되고 무장 해제당했다. 1946년 귀국해 조선해안경비대에 들어가 해군 중위로 임관했다. 1946년 12월 인천기지사령관을 거쳐 1948년 진해통제부 참모장에 임명됐다. 1948년 여순사건이 일어나자 해군 함정 네 척을 이끌고 여수항 일대를 점령, 저항 세력을 진압했다. 이를 계기로 해병대 창설을 건의, 1949년 4월 초대 사령관을 맡았다. 6·25전쟁이 일어나자 해병대 사령관으로 참전해 통영·인천상륙작전, 서울 탈환작전을 지휘했다. 5·16군사정변 후 해병 중장으로 예편했다. 이후 초대 모로코대사, 초대 바티칸대사, 세계반공연맹 사무총장 등을 역임했다.

안익태 1906~1965 작곡가. 평안남도 평양 출신으로 평양보통학교, 평양 숭실중학교를 거쳐 1921년 일본에 유학, 도쿄 소재의 세이소쿠중학교에 편입했다. 1926년 도쿄 구니다치고등음악학원에 진학해 첼로를 전공했으며 1930년 졸업 후 도쿄 도요음악학교 강사로 일했다. 다시 공부를 위해 미국으로 유학을 떠났고 신시내티음악원 및 필라델피아 커티스음악원을 거쳐 1937년 템플대학교 대학원에서 석사학위를 받았다. 1938년 헝가리 부다페스트의 리스트페렌츠음악학교연구원에 교환 학생으로 입학했고, 같은 해 2월 더블린 방송 교향악단 객원으로 자작곡 〈한국환상곡〉의 초연을 지휘했다. 이 시기에 작곡한 곡으로 1938년에 발표한 〈관현악을 위한 환상곡 에텐라쿠〉가 있는데, 이 곡은 일본 아악곡 〈에텐라쿠〉의 주제 선율을 그대로 차용한 곡이다. 〈에텐라쿠〉는 본래 일본 천황 즉위식 때 사용되는 곡으로 천황에 대한 충성을 주제로 한 일본 정신이 배어 있는 곡이다. 1941년 독일 베를린으로 진출해 나치 제국의 제국음악원 총재인 리하르트 슈트라우스의 후원을 받으며 독일과 일본 관계를 보다 돈독히 하는 데 협력했다. 이때 슈트라우스가 작곡한 〈일본축전곡〉을 안익태가 직접 지휘해 빈 등지에서 연주한 바 있다. 1942년 만주국 건국 10주년을 축하하는 의미로 〈만주환상곡〉을 완성해 베를린, 빈, 로마 등지에서 지휘했으며, 1943년 나치 정부의 제국음악원 회원증을 정식으로 교부받아 회원이 됐다. 1944년 독일이 점령한 파리에서도 오케스트라를 지휘하며 〈일본축전곡〉을 연주했다. 독일 패전 후 스페인에서 활동을 이어나갔으며, 마요르카 교향악단, 런던 로열필하모닉 등을 지휘했다. 1948년 8월 15일 대한민국 정부가 수립되자 안익태의 〈한국환상곡〉 중 세 번째 악장 합창곡인 〈애국가〉가 공식 국가(國歌)로 지정됐다. 이후 지속적으로 해외 활동을 이어나가 1949년 〈코리아판타지〉를 샌프란시스코에서, 1952년에는 멕시코에서 순회 연주했다. 1955년 이승만 대통령 탄신 제80회 기념 음악회를 지휘하기 위해 일시 귀국했고 이때 제1호 문화포장을 받았다. 1962년 5·16군사쿠데타로 집권한 박정희 정부의 이미지를 환기시키고 '혁명'을 경축하기 위해 대한민국 국제음악제가 개최됐는데, 이때 교향시 〈논개〉, 가곡 〈흰 백합화〉, 추도곡 〈진혼곡〉 등을 작곡했다. 1965년 스페인 바르셀로나에서 사망했으며 1977년 국립묘지 제2유공자 묘역에 안장됐다. 1965년 국민훈장 모란장이 추서됐다.

양주삼 1879~?

종교인. 평안남도 용강에서 태어났다. 1901년 선교사들의 도움으로 중국 상하이의 중서학원에 유학해 1902년 세례를 받았다. 1905년 미국으로 건너가 미국 밴더빌트대학과 예일대학에서 신학을 공부하고 목사 안수를 받았다. 1915년 귀국해 협성신학교 교수가 됐다. 1919년 서울 종교교회 목사가 됐고, 1930년 12월 조선남·북감리회의를 통합한 기독교조선감리회 초대 총리사를 맡았다. 기독교조선감리회 제2대 총리사로 재임 시 신사참배 거부 문제가 일어났다. 이에 조선총독부의 지시에 따라 신사비종교론을 받아들였다. 이어 1938년 9월 "신사참배는 국민이 반드시 봉행할 국민 의식이요, 종교가 아니라고 한 것을 잘 인식하셨을 줄 압니다. 그런고로 어떤 종교를 신봉하든지 신사참배가 교리에 위반이나 구애됨이 추호도 없는 것은 확실히 알 수 있습니다"라는 성명을 발표했다. 조선감리회 총회의 공식 순서에 '애국일 실시'를 넣었으며, 직접 조선 신궁과 일본 이세 신궁 등을 참배했다. 1939년 국민정신총동원 조선연맹 평의원, 1940년 국민총력조선연맹 평의원과 국민총력 조선기독교감리회연맹 이사를 맡았으며, 1941년에는 조선임전보국단에 참여했다. 1943년 국민총력 경성부연맹 이사, 1945년 7월 일본기독교 조선교단의 고문을 맡았다. 각종 시국 강연회에 나서거나 글을 발표해 일제의 전쟁에 협력할 것을 독려했다. 《삼천리》 1941년 12월 호에는 지원병으로 나가는 조선 청년을 격려하는 글을 실었고, 1942년 2월 호 《반도의 빛》에서는 조선의 종교인들에게 '대동아 공영권 건설이 신의 지배섭리'임을 강조했다. 〈매일신보〉 11월 9일 자에 '적국의 학생병을 치자'라는 글을 기고해 학병 지원을 독려했다. 해방 후 반민특위에 구속됐다가 기소 유예로 풀려났다. 대한적십자사 초대 총재로 활동하다가 6·25전쟁 중 납북됐다.

엄인섭 1875~1936

밀정. 함경북도 경흥에서 태어나 어릴 때 러시아 연해주로 이주했다. 1900년 이후 러시아 군대에 종군했고, 러일전쟁 때는 러시아군 통역으로 복무했다. 1907년 안중근, 김기룡과 의형제를 맺고 의병을 모집했다. 1908년 외숙부 최재형의 집에서 동의회를 조직하고 부회장으로 활동했으며, 국내진공작전에서는 좌영장의 직책을 맡았다. 1909년에는 이범진 등과 비밀리에 고종을 배알

하기도 했다. 하지만 강제 병합 후 변절해 일본의 밀정으로 활동했는데, 1911년 4월경부터 일본 측에 독립운동에 관한 정보를 제공했다. 1911년 블라디보스토크에서 발행되던 〈대양보〉의 활자 1만 5,000개를 절취해 〈대양보〉를 정간시켰고, 체포된 밀정 서영선을 탈출시키기도 했다. 항일 활동도 지속했다. 1911년 6월부터 권업회 간부로 일했고, 1914년 권업회와 신한촌 민회의 통합총회가 열렸을 때 최재형의 후임을 뽑는 회장 선거에서 31표로 최다 득표하나 사퇴했다. 그만큼 위장에 철저하고 노련했다. 제1차 세계대전 중에 이동휘 중심으로 조직된 애국저금단과 북빈의용단 정보를 일본총영사관에 제공했고, 을사조약 당시 주한 공사였다가 주중 공사가 된 하야시 곤스케에 대한 암살 정보도 일본총영사관에 보냈다. 그러다 1920년 '간도 15만 원 사건' 과정에서 일제의 밀정이라는 사실이 발각됐다. 1936년 훈춘에서 사망했다고 한다.

유승렬 1893~1968

군인. 대한제국 육군무관학교를 거쳐 일본 육군사관학교에 유학했다. 1914년 5월 일본 육사 제26기로 졸업, 나고야의 제3사단 보병 제6연대에 배속됐다. 1920년대 중반에는 나남 제19사단 보병 제76연대로 옮겨 평안도와 함경도 일대에서 근무했다. 1932년 용산 제20사단 보병 제79연대로 전임했다. 만주 관동군에 2년 정도 파견됐다가 1934년 평양 제77연대로 전속했다. 그해 8월 소좌로 진급했다. 육군 대좌로서 평양 유수부대장으로 근무했으며, 태평양전쟁 말기에는 남방군 제18군 관하 제20사단 위생대장에 임명되어 뉴기니전선에서 근무했다. 일본 패전 후 귀국했다. 1949년 대한민국 육군에 다시 입대해 제102여단장, 제1사단장, 제3사단을 거치고 6·25전쟁 때는 경남지구 계엄사령관과 부산지구 계엄사령관을 지냈다. 1956년 육군 소장으로 예편했다.

유재흥 1921~2011

군인. 일본 나고야에서 태어났다. 일본 육군사관학교를 졸업하고 일본군 대좌를 지낸 유승렬의 아들이다. 1941년 일본 육군사관학교를 졸업하고 일본군 보병 소위로 임관했다. 1943년 대위로 진급했다. 그해 11월 도쿄 메이지대학에서 열린 특별지원병 궐기대회에서 조선인 학병 지원을 촉구하는 연설을 했다. "지금은 일본인에게 조선인의 가치를 인식시킬 기회이니 조선인 학생들이 군에 들어가 임무를 완수하면 그 성과는 조선인을 위한 일이 될 것"이라고 군 입대를 촉구했다. 포병학교에서 박격포 교육을 받고 규슈 구마모토 아리아케 해안에 배치됐다가 패전을 맞았다. 1946년 1월 군사영어학교를 졸업하고 육군 대위로 임관했다. 1948년 12월 대령으로 진급했다. 1949년 3월 제주도지구 전투사령관에 임명되어 4·3사건의 '토벌 작전'을 지휘했다. 1949년 5월 제6단장으로 부임, 이때 준장으로 승진했다. 6·25전쟁 기간 중 제7사단장과 제2군단장, 제3군단장을 역임했다. 전쟁 후 육군 참모차장, 제2군단장, 제1군사령관을 역임하고 1960년 7월 육군 중장으로 예편했다. 태국·스웨덴·이탈리아대사와 국방부 장관, 대한석유공사 사장, 대한석유협회 회장을 역임했다.

유진오 1906~1987 법학자, 작가. 서울에서 태어났다. 경성고등보통학교를 졸업하고, 1924년 경성제국대학 예과에 수석으로 입학했다. 조선인 학생 모임인 문우회를 조직해 회보《문우》를 발간했다. 1929년 경성제국대학 법문학부 졸업 후 경성제국대학 예과와 보성전문학교에 출강하다가 1937년 보성전문학교 법과 교수로 임용됐다. 1927년 5월 단편소설〈스리〉를《조선지광》에 발표하면서 등단했으며, 1932년 극단 메가폰을 결성했다. 1933년부터〈동아일보〉객원 기자로 활동했고, 1939년《유진오단편집》을 출간했다. 1939년 중일전쟁 선전 글을 발표하면서 친일 활동에 가담했고, 이후 조선문인협회, 조선임전보국단, 국민총력조선연맹 등의 활동을 통해 징병제와 지원병을 독려하는 글을 발표하고 일제의 침략 전쟁에 적극 협력하는 활동을 했다. '대동아 공영권' 건설에 조선의 지식인들이 참여해야 한다고 주장했으며, 일본어로 창작한 '국민문학'의 필요성을 주도적으로 제기했다.〈매일신보〉1943년 11월 18일 자에 실린 '병역은 곧 힘이다'라는 글에서는 "내선일체를 최종적으로 해결하는 것은 조선인 자신이다. 일본 사람에게 뒤처지지 않는 힘을 주는 것이 특별지원병제도다. 병역은 단순한 의미가 아니라 특전"이라고 하여 일본인보다 더 열성적으로 전쟁에 임할 것을 선동했다. 해방 후 문인들의 모임에 나갔다가 이태준 등의 항의로 쫓겨나자 작가의 길을 접었으며, 경성대학 법문학부 교수와 고려대학교 총장 등을 역임했다. 1948년 대한민국 헌법기초위원으로 대한민국 헌법 초안을 작성했으며, 초대 법제처장이 됐다. 1965년 고려대학교 총장 사임 후 정치 활동을 시작했다. 1966년 민중당 대통령 후보로 지명됐고, 이후 신한당과 합당해 신민당을 결성하고 총재가 됐으며, 1967년 신민당 소속으로 국회의원에 당선됐다. 1974년 민주회복국민회의에 참가했다. 1979년 10·26군사쿠데타가 발생한 후 국토통일원 고문과 국정자문위원에 위촉됐으며, 1981년부터 학술원 원로회원(헌법)을 지냈다.

유치진 1905~1974 극작가, 연출가. 경상남도 통영에서 태어났다. 유치환의 형이다. 통영공립보통학교를 졸업하고 일본에 유학했다. 1925년 도쿄 도요야마중학교, 1931년 도쿄 릿쿄대학 영문과를 졸업했다. 1931년 7월 서항석, 이헌구 등과 함께 극예술연구회를 창립했다. 1931년 희곡〈토막〉을《문예월간지》에 두 달간 연재하면서 극작가로 등단했고, 1933년〈조선중앙일보〉에〈버드나무 선 동리의 풍경〉을 연재했다. 이 기간에 경성미술학교에서 학생들을 가르쳤다. 1934년 다시 일본으로 건너가 삼일극장에서〈빈민가〉를 공연했으며, 1935년〈동아일보〉에〈소〉,〈조선일보〉에〈당나귀〉를 연재했다. 1936년 극예술연구회의 제12회 공연작으로 각색한〈춘향전〉은 3개월간〈조선일보〉에서 연재하여 큰 인기를 끌었고, 이어서〈신앙과 고향〉,〈포기〉,〈풍년기〉등을 연출했다. 극예술연구회는 1938년 일제의 명령에 의해 단체 이름을 극연좌로 바꾸게 되는데 이때 해외 문학파 동인들이 탈퇴하면서 서항석과 유치진 위주로 극단이 운영되고, 다시 같은 해 12월에 젊은 연극인 집단이 극단 운영에 반발하여 탈퇴하면서 극연좌는 1939년 결국 해산한다. 1940년 12월 연극의 건전한 발달과 연극인의 질적 향상이라는 명분으로 결성된 조선연극협회 이사직에 취임하면서 본격적으로 친일 행보를 밟는다. 조선연극문화협회 상임평의원 및 영화기획심의회 위원으로 임명됐으며, 1943년 4월 조선문인보국회 이사직에, 같은 해 6월 조선문인보국회 소설희곡부 회장에 취임했다. 1944년 조선문인보국회 극문학부 회장으로 임명됐다. 개인 활동 영역에서도 친일 활동을 적극적으로 모색했다. 1941년 자신이 직접 운영하는 현대극장을 조선총독부와 국민총력조선연맹 등 유력 기관 인사의 참석하에 창단했으며 내선일체의 의미를 담은 연극인 〈흑룡강〉을 부민관 등에서 공연했다. 러일전쟁 시기 이용구가 이끄는 일진회가 일본을 도와서 전쟁 승리에 기여했다는 내용을 담은 〈북진대〉도 무대에 올렸다. 해방 후 은둔 생활을 이어오다가 1947년 2월 〈조국〉, 〈자명고〉를 발표하며 우익 연극의 선봉이 됐다. 미 군정의 지원 아래 결성된 한국무대예술원의 초대 원장으로 취임하며 활동을 재개했다. 1949년 전국문화단체총연합회 부위원장에 선출됐고, 1960년 동국대학교에 연극영화학과를 개설해 학과장을 맡았으며 전국극장단체협의회장과 문교부 대학교수자격 심사위원 등으로 활동했다. 1962년에는 드라마센터를 건립해 한국연극연구소와 연극학교, 연극아카데미 등의 부설 기관을 만들었다. 1971년 한국극작가협회 회장으로 선임됐다.

윤덕영 1873~1940

관료. 서울 출신으로, 순종의 비인 순정효황후의 백부다. 1894년 문과 급제했으며, 1895년 신사유람단의 일원으로 일본에 다녀왔다. 내각총리대신 비서관, 농상공부 참서관, 내부 지방국장, 법부 법무국장 등을 역임했다. 1902년 일본이 경부선 철도 부설에 착공하자 철도원 부총재로 임명됐으며, 1906년 동생 윤택영의 딸이 순종의 비로 책봉된 후 시종원경에 임명됐다. 1909년 이토 히로부미가 사망하자 고종의 조문사로 다롄에 파견됐다. 그해 11월 이토를 추도하는 관민추도회에서 추도제문을 낭독했다. 1910년 8월 시종원경으로 합병조약 체결에 관한 어전회의에 참석했고 조약을 가결시켜 경술국적으로 지탄을 받았다. 국권피탈에 앞장선 대가로 일제로부터 자작 작위와 은사 공채 5만 원을 받았다. 조선귀족 자격으로 메이지 천황의 생일인 천장절 행사에 초대받고 다이쇼 천황의 즉위식에 참석했으며, 왕세자 이은과 일본 황족 나시모토노미야 마사코의 결혼을 일선융화의 상징이라며 적극 지지했다. 1925년 7월 중추원 고문에 임명되어 1940년 사망할 때까지 활동했고, 매년 3,000원씩 수당을 받았다. 중일전쟁 발발 후 국방비 헌납, 일본군 위문 활동 등에 참여했고, 1938년 2월 지원병제도 실시를 환영하는 글을 발표했다. 1939년 일본제국의회 귀족원 칙선의원에 임명됐으며, 1940년 8월 중추원에서 조선인으로 최고 지위인 부의장에 올랐다. 1940년 10월 사망, 작위는 양손 윤강로가 물려받았다.

윤상필 1887~?

군인, 관료. 함경남도 함주 출신이다. 대한제국 육군무관학교가 폐교하자 관비 유학생으로 선발돼 일본에 유학한 후 군인이 됐다. 1915년 일본 육군사관학교 졸업 후 일본 육군 기병 소위로 임관해 도쿄 제1사단, 경성 제20사단에서 근무했다. 1919년 육군 기병 중위, 1925년 육군 기병 대위로 승진했다. 1931년 만주사변이 발발하자 펑톈의 관동군 사령부에 배치받아 근무했다. 경성에서 일본의 만주 침략을 정당화하는 선전 작업을 했고, 1932년 조선인으로 유일하게 만주국 협화회의 본부 이사로 임명돼 최남선, 이선근 등과 함께 만주국 협화회의 핵심 인물 중 한 명으로 활동했다. 1934년 만주 일대의 항일 세력을 파괴하고 민간인을 통제하기 위한 단체인 간도협조회 창설안을 입안하여 실행시켰다. 1935년 2월 기병 소좌로 전역한 후 만주국 민정부 촉탁에 발탁됐다. 그해 11월 민정부 이사관에 임명되어 조선 이주민의 정착과 농업개척사업을 지원했다. 1939년 만주국 개척총국 이사관, 1940년 개척총국 참사관에 임명됐다. 1940년 10월 박석윤 등과 함께 동만주 일대의 항일유격대를 귀순·투항시키려고 특별 공작을 벌이는 부대를 후원하기 위해 동남지구특별공작후원회를 결성했다. 1941년 협화회 중앙위원에 선임됐다. 일제의 재만 조선인 통제 정책과 항일 무장 세력 탄압 등에 적극 협력했으며, 이러한 공로를 인정받아 만주국 건국공로장(1934), 황제방일기념장(1935), 훈3위 주국장(1940) 등을 받았다. 일제 패망 후 소련 하바롭스크 수용소에서 강제 노역을 했다.

윤치호 1866~1945

관료, 종교인. 충청남도 아산에서 태어났다. 1881년 4월 일본 도쿄 도진샤(同人社)에 입학해 어학을 공부했다. 1884년 갑신정변이 일어나자 중국 상하이로 피신, 중서서원에서 영어와 근대학문을 배웠다. 1888년 9월 미국으로 건너가 테네시주 밴더빌트대학, 조지아주 에모리대학에서 공부하고 1893년 졸업했다. 1895년 2월 귀국한 후 의정부 참의, 내각총리대신 비서관, 학부협판, 외부협판을, 1896년에는 학부협판을 지냈다. 1897년 7월에는 독립협회에 참여했다. 1898년 3월부터 독립협회 회장을 맡았고, 그해 5월 〈독립신문〉 사장과 주필을 겸했다. 1900년 삼화부윤, 1901년 덕원부윤, 1903년 함흥안핵사, 무안감리 등을 지냈다. 1904년 외부협판 겸 외부대신 사무를 서리하며 제1차 한일협약을 맺었다. 1906년 4월 대한자강회 회장을 맡았다. 이해 12월에는 황성기독교청년회 부회장에 선임됐다. 1908년 3월 기호흥학회 교육부장, 9월 대성학교 교장에 취임했다. 1911년 9월 부친 윤웅렬이 사망하자 남작 작위를 물려받았다. 1912년 2월 이른바 '데라우치 총독 암살미수사건'으로 체포돼 구속 기소됐다. 징역 6년 형을 선고받고 옥고를 치렀다. 조선 귀족 작위는 박탈됐다. 1915년 2월 일본 천황의 특사로 석방됐다. 출옥 이후 1916년 4월 YMCA 총무에 선출됐다. 1919년 1월 최남선이 독립운동 참여를 권유했으나 침묵으로 거부했다. 1919년 7월 친일 단체 경성교풍회 회장에 선임됐다. 1924년 4월에는 일선 융화를 표방하는 동민회에 가입했다. 1925년 흥업구락부를 조직했다. 1928년 조선체육회 회장, 1930년 기독교조선감리회 총리원 이사 겸 재무국장을 맡았다. 중일전쟁이 발발한 1937년 7월에는 조선교화단체연합회에서 주최한 시국대응강연회에 연사로 참여했고 황군 위문금과 국방헌금을 냈다. 이 무렵 '애국경기호' 비행기 구입비도 헌납했다. 12월에는 일본군의 난징 함락을 기념해 조선 신궁에서 거행한 난징함락전첩봉고제 위원장을 맡았고, 1938년 5월에는 일본군의 쉬저우 함락을 기념해 조선군사령부에 1만 원의 국방헌금을 기탁했으며 기독교계의 친일 협력을 위해 조직된 조선기독교연합회 평의원으로 선출된 데 이어 7월에는 평의원회 회장으로 선임되고, 국민정신총동원 조선연맹 상무이사가 됐다. 1941년 3월 국민총력 기독교 조선감리회연맹에서 주최한 시국대응신도대회에서 '내선일체의 완벽'이라는 주제로 강연했다. 5월에는 조선 총독의 자문 기구인 중추원 고문에 임명되어 해방될 때까지 매년 3,000원의 수당을 받았으며, 국민총력조선연맹 이사, 흥아보국단 중앙위원회 위원장 겸 상임위원에 위촉됐다. 1942년 2월 국방비 5,000원을 종로경찰서에 헌납하고 1944년 국민총력조선연맹 고문, 국민동원총진회 고문으로 위촉됐다. 11월에는 중추원 참의들과 학병 독려 연설을 했다. 1945년 4월 일본제국의회 귀족원 의원에 임명됐다.

윤택영 1876~1935

귀족. 자작 윤덕영의 동생이며, 순종 비 순정효황후의 아버지다. 1906년 딸이 순종의 비로 간택되고 1907년 황후가 되자 해풍부원군에 봉해졌다. 강제 병합 후인 1910년 10월 조선귀족령에 따라 후작 작위를 받았고, 1911년 1월 은사 공채 50만 4,000원을 받았다. 그해 9월 사단법인 조선귀족회 이사를 맡았다. 1915년 시정 5년 기념 조선물산공진회 경성협찬회에 참여했고, 그해 8월에는 가정박람회 명예고문을 맡았다. 1920년 도쿄에서 치러진 영친왕 이은과 일본 황족의 결혼식에 참석했고, 그해 7월 장남 윤홍섭과 중국 베이징으로 건너갔다. 엄청난 부채로 인해 수십 차례 채무 소송에 시달렸기에 시간을 벌기 위해 도피하는 것이었다. 1926년 순종 국장에 참석하기 위해 귀국했지만 곧 다시 중국으로 도피했다. 1935년 10월 베이징에서 사망했다. 작위는 1936년 5월 1일 차남 윤의섭이 물려받았다.

이각종 1888~1968

관료. 경상북도 대구에서 태어났다. 1908년 보성전문학교 법률과, 1909년 관립 한성고등보통학교를 졸업했다. 학부 위원, 학부 주사로 일했다. 강제 병합 후 1911년 6월부터 조선총독부 학무과 속으로 근무하다가 1917년 9월 김포군수가 됐다. 1920년 6월부터 1930년까지 조선총독부 내무국 사회과 촉탁으로 일했다. 1921년 출판사 신민사를 설립했고, 1925년 5월 잡지 《신민》을 창간해 발행인 겸 편집인을 맡았다. 1936년 2월 사상 전향자의 보호와 선도를 목적으로 한 백악회를 조직하고, 그해 9월 이를 확대개편해 대동민우회를 조직했다. 1937년 8월 사상범의 보호 관찰을 맡는 경성보호관찰소 촉탁보호사로 임명됐다. 사상범이 출옥 후 다시 항일운동에 나서지 못하게 감시하고 선도하는 역할이었다. 1938년 국민정신총동원 조선연맹 이사, 조선방공협회 경기도연합지부 평의원을 맡았다. 이해 12월 시국유지원탁회의에 참석해 "우리가 다만 일본 국민이란 데만 그치지 말고 7,000만과 2,000만이 같은 폐하의 적자로서 동포감을 배양하는 것이 중요한 일이라고 생각합니다"라고 발언했다. 1940년 11월 국민총력조선연맹 사상부 참사로 활동했다. 1941년 조선임전보국단 평의원을 맡았고, 대동민우회 회장으로 활동했다. 여러 저술과 강연으로도 일제 식민 통치와 침략 전쟁에 협력했다. 1937년에 쓴 《시국독본》의 서문에서 3·1혁명을 "불꽃 사나운 투쟁과 무용한 희생"이라 평가했다. 《가정의 벗》 1939년 2월 호에 기고한 '우리 집의 총동원'에서는 "때는 지금 국가총동원 온 나라가 모든 힘을 다하여 동양 평화의 큰 목적을 위해 싸우고 있습니다. 전선에 가서 피를 흘리는 군인이나 총후에서 국내의 단결을 굳게 하는 일반 국민이나 모두 한가지로 이 전쟁에 이기기 위해 힘쓰는 것"이라며 가족 구성원 개개인이 침략 전쟁에 협력할 것을 촉구했다. 조선에서 징병제 실시가 확정되자 이를 찬양하는 글을 기고했다. 해방 후 반민특위에 체포됐지만 정신병 판정을 받고 보석으로 풀려났다.

이경식 1883~1945

관료. 충청북도 제천 출신이다. 대한제국 탁지부에서 서기를 지냈고 강제 병합 후 조선총독부 군서기로 일했다. 1913년 단양군수를 시작으로 괴산·충주·진천·옥천군수를 역임했다. 1930년 6월 옥천군수 퇴임 후 조선 총독의 자문 기구인 중추원 참의에 임명됐다. 이후 해방될 때까지 다섯 차례 연임했다. 1938년 5월에는 조선총독부 직속 기구인 경학원 사성에 임명됐고 명륜학원 간사를 겸했다. 1939년 11월 조선총독부가 전시 체제 강화와 유도황민화를 위해 전 조선 유림을 동원하여 조직한 조선유도연합회의 상임이사를 맡았다. 경학원 사성으로서 일제의 전쟁 관련 행사에 참석했으며, 징병제 실시를 찬양하는 한시를 여러 차례 발표했다. 1942년 국민총력조선연맹 참사를 맡았다. 《유도(儒道)》 1943년 11월 호에는 일본 연합함대 사령관 야마모토 이소로쿠의 사망을 추도하며 다음과 같은 내용의 한시를 발표했다. "혁혁한 위훈과 늠름한 충정은 / 만고의 정기 뿜어 정신은 붉은 해 같네 / 적을 섬멸하려는 피 끓는 충정에 젖어 / 일억 인민이 함께 일체가 되네"

이광수 1892~1950

문학자, 언론인. 호는 춘원. 평안북도 정주에서 태어났다. 1903년 동학에 입도해 도쿄와 서울에서 오는 문서를 베끼고 배포하는 일을 했다. 1905년 8월 일진회의 추천으로 유학생에 선발되어 일본으로 건너갔다. 1907년 일본에서 문일평, 홍명희 등과 소년회를 조직하고 《소년》을 발행하면서 시와 논설 등을 발표했다. 1910년 이승훈의 초청으로 정주 오산학교에서 교편을 잡았는데, 1911년 105인사건으로 이승훈이 구속되자 오산학교의 실질적인 책임자가 됐다. 1915년 인촌 김성수의 후원으로 9월 일본 와세다대학 고등예과에 편입했다. 1917년 1월부터 6월까지 〈매일신보〉에 소설 《무정》을 연재했다. 1919년 1월 조선청년독립단선언서(2·8 독립선언서)를 기초한 뒤 상하이로 가서 신한청년당 조직에 가담했다. 안창호의 민족운동에 크게 공감해 7월 상하이임시정부 사료편찬위원회 주임을, 8월에는 임시정부 기관지 〈독립신문〉의 사장 겸 편집국장을 맡았다. 1921년 귀국해서 1922년 《개벽》에 〈소년에게〉를 연재했다가 출판법 위반 혐의로 입건됐다. 같은 해 5월에는 《개벽》에 조선 민족의 전면적 개조의 필요성을 촉구한 '민족개조론'을 발표했다. 1923년 동아일보사에 객원으로 입사했으나 1924년 사설 '민족적 경륜'이 물의를 일으키자 퇴사했다. 1926년 안창호의 지시에 따라 수양동맹회와 동우구락부를 통합해 수양동우회를 발족시켰다. 같은 해 〈동아일보〉 편집국장에 취임했고, 1933년 8월 조선일보사 부사장에 취임해 1934년까지 활동했다. 1937년 6월 수양동우회사건으로 안창호 등과 서대문 형무소에 수감됐다가 6개월 후 병보석으로 풀려났다. 1938년 3월 10일 정신적 스승인 안창호가 사망하자 충격을 받아 실의에 빠졌으며, 11월 3일 병보석 상태에서 수양동우회사건의 예심을 받던 중 전향을 선언하고, 이후 조선 신궁을 참배하는 등 본격적인 친일의 길에 들어섰다. 해방 이후 1948년 12월 간행한 《나의 고백》에서 민족의식이 싹트던 때부터 일제 말기까지 자기의 행위를 민족을 위한 선택이었다고 서술하고, 일제 말기의 친일 행위 역시 애국자로서의 명예를 희생하더라도 민족 보존을 위해서는 어쩔 수 없는 고육지책이었다고 강변했다. 1949년 반민특위의 검거로 서대문 형무소에 수감됐지만, 이광수는 시종 《나의 고백》에서 보인 자세를 견지했다. 1950년 6·25전쟁으로 납북된 뒤, 같은 해 10월 25일 지병인 폐결핵이 악화되어 사망했다.

이규원 1890~1945

관료. 자작 이하영의 아들이다. 강제 병합 후 이하영이 조선귀족 작위를 받자 그의 사자(嗣子)로 결정됐다. 서화연구회 회원, 조선불교단 평의원 등으로 활동했다. 1922년 이하영이 대륙고무공업주식회사를 설립하자 이사와 전무취체역으로 활동했다. 1929년 이하영이 사망하자 자작 작위를 이어받았으며, 대륙고무공업주식회사의 대표를 맡았다. 조선귀족들의 파산을 구호하기 위해 조직된 재단법인 창복회 위원으로 활동했으며, 1939년 7월에는 조선귀족회 이사, 1942년에는 부회장을 맡았다. 1945년 4월 사망할 때까지 재임하면서 각종 제례를 비롯해 징병 관련 행사와 후원 행사 등에 조선귀족 대표로 참여했다. 1939년 11월 조선유도연합회 평의원, 1941년 조선임전보국단 이사를 맡았다. 1945년 4월 24일 사망했다. 이규원의 장남 이종찬은 일본 육군사관학교를 졸업하고, 이규원 사망 당시 일본군 공병 소좌로 뉴기니전선에 있어 습작하지 못했다.

이근택 1865~1919

관료. 충청북도 충주에서 태어났다. 1884년 무과에 합격, 선전관을 거쳐 1886년 이후 단천부사, 희천군수, 길주목사, 전라도 병마절도사, 병조참판, 부평부사 등을 역임했다. 1896년에는 친위대 제3대대장을 지냈다. 1898년 독립협회를 해산시킨 공로를 인정받아 한성판윤에 임명됐다. 1899년 함경북도관찰사, 1901년 경부협판, 1902년 의정부 찬정, 1903년 군부대신, 1904년 강원도관찰사, 1905년 농상공부대신 등을 지냈다. 1905년 9월부터 1906년 11월까지 군부대신을 지내며 을사조약 체결을 주도해 을사오적이란 지탄을 받았다. 1906년 2월 기산도, 이근철 등의 습격을 받아 중상을 입었다. 강제 병합 후 조선총독부 중추원 고문에 임명됐고, 조선귀족령에 따라 자작 작위를 받았다. 1911년 1월에는 은사 공채 5만 원을 받았다. 1915년 시정 5년 기념 조선물산공진회의 경성협찬회에 참여했으며, 1917년 친일 불교 단체인 불교옹호회의 고문에 추대됐다. 1919년 12월 17일 사망했다. 일본 천황은 생전의 공로를 인정해 2,500원을 내려주었고, 작위는 장남 이창훈에게 이어졌다.

이기동 1885~1952

일찍이 일본으로 건너가 일선기업회사를 경영하면서 자본가로 성공했다. 1920년 박춘금과 함께 도쿄에서 상구회를 조직했고, 1921년 상애회로 재조직해 도쿄 총본부 회장으로 취임했다. 1928년 상애회가 재단법인으로 개편된 이후부터 1941년 해산될 때까지 이사와 도쿄총본부 회장을 지냈다. 상애회는 대표적인 친일 내선융화 단체로 일제 경찰 당국과 협조하여 재일본 조선인을 통제하고 사업주의 편이 되어 노동운동을 탄압했다. 폭력을 앞세워 강제로 조선인을 상애회에 가입시키고 임금을 탈취했으며, 부녀자 납치와 인신매매 등 불법 행위도 자행해 악명이 높았다. 만주사변이 벌어지자 조선인의 전쟁 참여를 적극적으로 주도했고, 여러 차례에 걸쳐 1,000여 원 상당의 병기를 헌납했다. 1938년 지원병제도가 실시되자 감사의 표시로 조선인 유지들과 함께 국방헌금 1만 원을 헌납했다. 1952년 일본에서 사망했다.

이명세 1893~1972

유학자. 충청남도 홍주에서 태어났다. 1918년 경성전수학교 졸업 후 대구지방법원 상주지청 서기 겸 통역생에 임명된 뒤, 공주지방법원 서산지청과 홍성지청에서 근무했다. 1923년부터 호서은행 서무과장, 은행장 대리, 홍성지점장 등을 지냈다. 1927년 3월 충청남도 도평의회원에 당선됐지만 이듬해 9월 사임했다. 1932년 9월 호서은행과 한일은행이 합병한 동일은행의 검사역을 지냈다. 1936년 12월부터 주식회사 이문당 취체역을, 1937년부터 동문사의 취체역을 맡았다. 1939년 11월 조선총독부가 유도황민화를 위해 만든 조선유도연합회의 상임참사에 선임됐고, 1941년 6월에는 상임이사가 됐다. 1941년 8월 종교 단체 대표들의 시국 간담회에 조선유림연합회 대표로 참석하는 등 각종 시국 강연 및 강습 활동을 통해 일제의 침략 전쟁을 적극적으로 미화했으며, 조선인들의 전쟁 참여를 선동했다. 1942년 《유도》 10월 호에 〈축 징병제 실시〉라는 한시를 게재해 징병제 시행을 축하했으며, 조선 총독 미나미의 치적을 찬양하는 한시를 쓰기도 했다. 1944년 경학원 사성으로 활동했으며, 이후에도 일제의 승리를 기원하는 글을 썼다. 해방 후 조선사회교육협회 부이사장과 성균관대학교 상임이사를 역임했으며, 1954년 성균관대학교 이사장, 1960년 성균관장에 취임했다.

이무영 1908~1960

소설가. 충청북도 음성에서 태어났다. 본명은 이갑룡, 필명이 무영이다. 1925년 일본으로 건너가 세이조중학교에 다니며 작가 가토 다케오 문하에서 문학 수업을 했다. 1926년 6월 《조선문단》에 단편 소설 〈달순의 출가〉를 발표하며 등단했다. 1932년 문인 친목 단체인 조선문필가협회 발기인으로 참여했으며, 1933년 이효석, 정지용 등과 함께 구인회의 동인이 됐다. 1935년 〈동아일보〉 학예부 기자로 입사했다. 1937년 첫 작품집 《취향》, 1938년 작품집 《무영단편집》과 소설 《명일의 포도》, 1939년 소설 《먼동이 틀 때》를 발간했다. 1939년 동아일보사를 그만두고 경기도 시흥에서 농촌 생활을 하며 농민문학 창작에 몰두했다. 1942년 조선총독부 관변 단체인 조선문인협회 상임간사를 맡았다. 그해 9월 〈부산일보〉에 조선인 작가가 최초로 일본어로 쓴 소설 〈청기와집〉을 연재했다. 1942년 12월 26일부터 1943년 1월까지 조선문인협회 시찰단의 일원으로 만주국 간도성의 조선인 개척촌을 시찰했다. 1943년 1월 이무영이 육군편, 이태준이 해군편을 맡아 중일전쟁과 태평양전쟁에서 일본군의 활약상을 영웅적으로 묘사한《대동아전기》를 발간했다. 조선인에게 '대동아 공영권 확립을 위한 투철한 마음가짐'을 가지게 하는 것이 목적이었다. 1943년 6월 조선문인보국회 소설부회 간사장을, 1945년 8월 1일 소설부회 회장을 맡았다. 《문학보국》1944년 8월 호에 실은 '결전문학의 수립을 위해'에서 이무영은 "애국 문학자가 제작한 위대한 문학 작품은 그 한 자, 한 구절이 포탄이며 전선 장병이 목말라하며 후방의 국민에게 요청하는 비행기"라고 하여, 문학을 전쟁의 도구로 상정하는 인식을 보였다. 해방 후 1946년에 발표한《굉장소전》에서 친일파 청산을 폄훼했으며, 6·25전쟁이 일어나자 해군 소령으로 입대해 정훈 교육을 담당했다. 이후 전국문화단체총연합회 최고위원, 자유문학자협회 부회장 등을 역임했다.

이범익 1883~?

관료. 충청북도 단양 출신이다. 1903년 관립 일어학교를 졸업했다. 외국어학교 부교관으로 근무 중 러일전쟁이 발발하자 육군 통역으로 발탁돼 참전했다. 1906년 탁지부 번역관보, 1907년 농상공부 서기관, 1908년 내각 서기관, 1910년 내부 번역관을 지냈다. 1912년 조선총독부 군수로 승진해 춘천·금산·달성·예천·칠곡군수를 지내며 일제의 식민 통치에 협력했다. 1921년 사무관으로 승진해 조선총독부 내무부장으로 근무했다. 1924년 황해도 내무부장, 1927년 경상남도 참여관을 거쳐 1929년 강원도지사에 임명됐다. 이어 1934년 강원도지사, 1935년 4월 충남도지사로 옮겨 갔다. 1937년 2월에는 중추원 참의에 임명됐다. 1937년 중일전쟁이 발발하자 만주국 국무원 촉탁으로 파견돼 그해 11월 간도성 성장에 임명됐다. 1938년 간도 일대의 조선인 항일 부대를 섬멸하기 위해 만주국군 내에 조선인으로 구성된 특수 부대를 조직할 것을 제안, 간도특설대를 설치하게 했다. 1940년 만주국 협화회 간도성본부 본부장으로 활동했다. 5월 만주국 황제의 자문 기구인 참의부 참의에 임명됐다. 같은 해 10월에는 관동군의 반공공작 및 선무공작 지원, 항일 무장 세력에 대한 귀순공작 등을 전개할 목적으로 동남지구특별공작후원회를 조직하고 본부 고문에 선임되어 활동했다. 1945년 6월 참의부 참의에서 물러나 귀국했다. 해방 후 반민특위에 체포되어 조사받았으나 반민특위가 무력화되면서 기소유예 처분을 받았다. 6.25전쟁 당시 납북되었다.

이병무 1864~1926

관료. 충청남도 공주 출생으로, 1884년 무과 급제했다. 1894년 일본에 건너가 이듬해 육군사관학교에 입교했다. 일본 육사 제8기생으로 졸업 후 귀국했고 대한제국 군인으로 활동했다. 1904년 육군무관학교장이 됐고, 1907년에는 이완용 내각의 군부대신으로 이토 히로부미의 지시를 받고 고종의 강제 퇴위에 앞장섰다. 이어 정미조약 체결에 참여해 정미칠적으로 지탄받았다. 또 순종을 강박해 대한제국 군대를 해산시켰다. 1910년 시종무관장 겸 친위부장관으로 합병 조약 체결에 관한 어전회의에 참석해 가결함으로써 경술국적으로 지탄을 받았다. 강제 병합 후 일제로부터 자작 작위와 함께 은사 공채 5만 원을 받았다. 1911년 2월에는 이왕직 이왕부 무관에 임명됐다. 조선귀족 대표로

1915년 다이쇼 천황 즉위식에 참석하고 대례기념장을 받았다. 1920년 4월 조선군인대우개선칙령에 따라 일본 육군 중장에 정식 임명됐다. 1926년 12월 사망했으며, 작위는 양자 이홍묵이 이어받았다.

이봉룡 1914~1987

대중음악 작곡가. 전라남도 목포에서 태어났다. 이난영의 오빠. 1933년 이난영이 가수로 데뷔한 후 목포에서 난영축음기상회를 운영했다고 알려져 있다. 1937년 데뷔해 가수 활동을 했고, 매부 김해송에게 기본적인 음악 이론을 배워 드럼 연주자로 활약했다. 작곡가로도 데뷔했는데, 확인되는 첫 작품은 1938년 10월 발표한 〈병든 장미〉다. 이후 1939년 〈향수의 휘파람〉, 1940년 〈가거라 똑딱선〉, 1941년 〈진달래 시첩〉, 〈아주까리 등불〉, 〈포구의 인사〉, 〈열일곱 낭랑〉, 1942년 〈고향설〉, 〈낙화유수〉, 〈남매〉, 〈목포는 항구다〉, 〈아주까리 수첩〉, 〈인생선〉, 1943년 〈남아일생〉, 〈알성급제〉 등 많은 인기곡을 작곡했다. 확인되는 해방 이전 작품은 60여 곡 정도다. 그가 작곡한 군국 가요로 현재 확인되는 것은 1942년 〈마지막 필적〉, 〈벽오동〉, 1943년 〈단심옥심〉, 〈산 천리 물 천리〉, 〈아가씨 위문〉, 〈옥토끼 충성〉 등 6곡이다. 해방 후 매부 김해송이 조직한 KPK악단에서 활동하며 작곡 활동을 이어갔다. 1969년 미국으로 이민을 떠났고 1986년 귀국해 지내다가 1987년 1월 사망했다.

이상범 1897~1972

화가. 충청남도 공주에서 태어났다. 서울 계동보통학교를 졸업했다. 1914년 경성서화미술회에 입학해 안중식과 조석진 등에게서 전통화법을 공부했다. 1921년부터 조선서화협회전에 작품을 출품하기 시작했다. 1922년 제1회 조선미술전람회에 출품해 제3회까지는 입선, 1925년 제4회부터 3등상을 받은 후 10회 연속 특선이라는 기록을 세웠다. 1935년 추천작가 자격을, 1938년 조선인 화가로서 심사 참여 자리에 올랐다. 1927년 조선일보사, 1928년 동아일보사에 취직해 삽화를 그렸다. 1932년 현충사의 이충무공 영정을 그렸다. 이 무렵 청전화숙을 마련하고 제자를 가르치기 시작했다. 1936년 손기정 선수의 사진에서 일장기를 지운 사건으로 구치소에 수감됐고, 동아일보사를 사직했다. 1941년 1월부터 국민총력조선연맹 문화부 위원으로 활동했다. 이해에 예술도 군수품이라는 일제의 전시 문화 정책에 동조하여 결성된 조선미술가협회에 이한복, 이영일(李英一), 김은호와 나란히 일본화부 평의원으로 발탁됐다. 1942년부터 1944년까지 세 차례 개최된 반도총후미술전의 일본화부 심사위원으로 선임됐다. 일제 말 신문이나 잡지에 군국주의 경향성을 담은 삽화 등을 그렸다. 대표적인 예가 〈나팔수〉다. 〈매일신보〉가 기획한 징병제 시행 축하 시화 〈님의 부르심을 받들고서〉에서 1943년 8월 6일 김종한의 시에 그린 삽화였다. 해방 후 우익 미술인 중심으로 꾸려진 조선미술협회에 참가했고, 1949년 시작된 대한민국미술전람회에 추천작가로 참여했다. 이후 추천·초대작가와 심사위원으로 활동했다. 1954년에는 대한민국예술원 회원에 뽑혔다. 대한민국예술원상(1957), 대한민국문화훈장 대통령장(1962), 3·1문화상 예술 부문 본상(1963), 서울시문화상(1965) 등을 받았다.

이상협 1893~1957

언론인. 서울에서 태어났다. 1912년 일본 게이오대학 이재과에서 공부하다 중퇴했다. 돌아와 1912년 매일신보사에 입사했다. 1918년 9월 〈매일신보〉 발행 겸 편집인, 이듬해 4월 편집과장을 맡았다. 기자로 재직하며 창작 소설과 번안 소설을 연재하기도 했다. 1919년 8월 매일신보사를 그만두고 1920년 1월 〈동아일보〉 창립 발기인으로 참여했다. 〈동아일보〉 발행인 겸 편집인을 맡았고, 동시에 편집국장으로서 사회부장, 정리부장, 논설반원을 겸했다. 1921년 동아일보사 상무취체역, 편집국장에 임명됐다가 1924년 4월에 물러났다. 그해 9월 조선일보사 이사를 지냈지만 1925년 9월 필화사건 때 사직했다. 1926년 9월 〈시대일보〉를 인수해 11월에 〈중외일보〉 창간에 참여하고, 발행인 겸 편집인으로서 주간을 맡아 신문 제작과 경영을 총괄했다. 1928년 3월 '중외일보 필화사건'으로 기소되어 1929년 1월 경성지방법원에서 벌금 200원을 언도받았다. 1930년 2월 〈중외일보〉 부사장에서 물러났다. 1930년 10월 다시 매일신보사에 입사해 부사장 겸 이사에 임명됐다. 1935년 10월 조선총독부 시정 25주년 기념 표창을 받았다. "언론과 문필로 조선 민중에게 총독정치를 철저히 이해시키고 일본인과 조선인의 융합에 노력하여 일본 제국의 조선 통치에 공헌했다"는 평가였다. 1937년 조선문예회 문학위원, 경성군사후원연맹 위원에 선출됐다. 이어 조선총독부 학무국이 주도한 시국대강연회에 참여했다. 중일전쟁 개전에 따라 조선인에게 전쟁의 의미를 인식시키고 후방의 결속을 다지려는 활동이었다. 1938년 4월 〈매일신보〉가 주식회사로 출발할 때 취체역 부사장 겸 발행인 겸 편집인을 맡았다. 1939년 국민정신총동원 조선연맹 참사를 맡았으며, 기관지 《총동원》의 편찬위원으로 활동했다. 1941년 조선임전보국단 평의원을 맡았고, 1945년 7월에는 국민의용대 조선총사령부 참여에 선임됐다. 해방 후 반민특위에 체포됐고, 1954년 자유신문사 부사장을 지냈다.

이성근 1887~?

관료. 황해도 금천에서 태어났다. 1907년 황해도 관찰도 순검에 임명되어 의병 진압에 공을 세웠다. 1908년 황해도 관찰도 경찰부 순사를 거쳐 1909년 경부 채용 시험에 합격했고 송화경찰서 경부로 발령받았다. 강제 병합 후 황해도 황주경찰서 경부에 임명됐으며, 1916년 7월 충청북도 청주경찰서 경부로 전임해 사법주임으로 근무했다. 3·1혁명 때 청주에서 오면수, 인종익 등을 체포해 심문했다. 1919년 10월 조선총독부 경무국 고등경찰과 속으로 옮겨 검열 업무를 담당했다. 1920년 3월 경시로 승진해 평안북도 고등경찰과장에 임명됐다. 만주 안둥현 일대 독립단 간부 12명을 비롯해 선천경찰서에 투탄한 박치의, 의주와 선천에서 군자금 모금 활동을 한 보합단원 백운기, 정의부 소속 독립군 등을 체포했다. 1927년 5월 이사관으로 승진한 후 전라남도 산업과장에 임명됐고 1932년 함경북도 참여관으로 전임했다. 함경남도 참여관으로서 내무부장, 방공본부 서무부장 등을 지내며 만주사변 및 중일전쟁과 관련한 전시 업무를 수행했다. 1939년 충청남도 도지사로 승진했다. 1941년 3월 고등관 1등에 올랐고, 5월에는 훈3등 서보장을 받았다. 1941년 충남도지사 사임 후, 그해 6월 매일신보사 이사 겸 사장에 취임했다. 조선임전보국단, 경성지원병제도취지보급실행위원, 조선유도연합회, 조선신문회, 국민총력조선연맹, 농업보국농본회, 국민동원총진회, 반도무훈현창회, 조선언론보국회 등 온갖 전쟁 협력 단체에 참여했다. 해방 후, 1945년 10월 매일신보사 사장직에서 물러났다. 1949년 반민특위에 기소됐지만, 공판 중 병보석으로 풀려났다. 6·25전쟁 중이던 1950년 8월 납북됐다.

이성재 1898~?

언론인. 함경남도 출신이다. 1920년 경성의학전문학교 중퇴 후 만주로 건너갔다. 1933년 〈만몽일보〉 창립위원으로 참여해 이사, 사장 대리 등을 지냈다. 1937년 10월 〈만몽일보〉가 〈만선일보〉로 재창간된 뒤 만선일보사 부사장 및 사장을 역임했다. 1942년 8월에는 만선일보사 이사장을 맡았다. 〈만선일보〉는 일제가 세운 만주국의 이른바 오족협화를 고취하며 일제의 침략 전쟁을 찬양하고 후방 지원에 동참할 것을 강조한 신문이었다. 1938년 1월 잡지 《재만조선인통신》에 김동한 간도협조회 회장을 추모하는 글을 기고했다. 1940년 만주국 협화회 수도계림분회가 재만 조선인 교육사업을 위해 설치한 재만조선인교육후원회의 신징 지역 위원을 지냈다. 또 만주 동남부 일대의 항일 무장 부대에 대한 대규모 토벌 작전을 후원하기 위한 동남지구특별공작후원회 상무위원을 맡았다. 이성재는 〈만선일보〉에 동남지구특별공작후원회 활동을 선전하는 기사를 싣고, 항일 세력에게 투항할 것을 촉구하는 내용의 선전물을 배포했다. 1942년 2월 간도성 조선인들의 애국기 헌납식에 축사를 보냈으며, 만주국 협화회 소속 조선인보도분과위원회가 주최하는 간담회에 〈만선일보〉 대표로 참석해 '근로보국으로 총후국민의 실무를 다하자'고 결의했다. 1943년 만주국 건국 10주년을 기념해 출판된 《반도사화와 낙토만주》에 〈재만 조선인의 십년 혈한사〉를 집필했다.

이완용 1858~1926

관료. 1882년 문과 급제했다. 1887년 미국 주재 공사관 참찬관에 임명됐다. 1888년 12월부터 1890년 10월까지 대리공사를 지냈다. 1894년 갑오개혁 때 박정양 내각에서 학부대신을 지냈고, 1896년 2월 고종을 러시아 공사관으로 파천시키고 외부대신이 됐다. 한때 독립협회에서도 활동했으나 외부대신으로 있으면서 각종 이권을 열강에게 넘겨준 것이 문제가 되어 제명됐다. 1898년 전라북도관찰사에 임명됐으나 1900년 공금 유용 혐의로 면직됐다. 1901년 양부의 상을 당해 관직을 떠나 있다가 1904년 궁내부 특진관에 임명됐다. 1905년 학부대신으로 일본의 특파대사 이토 히로부미와 함께 일본군을 동원, 고종과 대신들을 협박해 을사조약 체결을 주도했다. 1907년 5월 참정대신이 되었고, 6월 관제 개편으로 내각총리대신이 됐다. 1907년 7월 헤이그특사사건이 일어나자 통감 이토 히로부미와 함께 고종의 퇴위를 강요했고, 순종이 즉위하자 정미조약을 체결해 대한제국의 내정권을 사실상 일본에 넘겨줬다. 같은 해 8월에는 군대 해산에 앞장섰고, 그 공로를 인정받아 일본으로부터 욱일동화장을 받았다. 1909년 7월 이토의 후임 통감인 소네 아라스케와 함께 사법 및 감옥 사무를 일본 정부에 위탁하는 기유각서를 조인했다. 1909년 12월 명동성당 앞에서 이재명의 기습을 받아 칼을 어깨에 맞는 중상을 입었다. 1910년 8월 22일 제3대 통감 데라우치 마사타케와 한일병합조약을 체결해 경술국적으로 지탄을 받았다. 강제 병합 후 조선총독부 중추원 고문, 부의장을 지냈다. 그리고 백작의 작위와 은사 공채 15만 원을 받았다. 조선귀족들이 만든 조선귀족회 대표이사, 조선임업조합 보식원 원장을 지냈다. 조선귀족 대표로 일본 메이지 천황의 생일 축하 행사와 장례, 다이쇼 천황의 즉위 대례식, 왕세자 이은과 일본 황족의 결혼식 등에 참석했다. 1919년 3·1혁명이 일어나자 〈매일신보〉에 세 차례나 경고문을 발표했다. 1920년 12월 후작으로 승작했다. 이에 〈매일신보〉에 "천황의 은혜에 감격하며 성지에 보답하기 위해 노력하겠습니다. 앞으로 병합의 본지를 다하겠으며, 더불어 동양평화를 지키고 일본 제국의 국위가 세계에 드러나게 됨을 축하합니다"라는 소감을 밝혔다. 1926년 2월 12일 사망했다. 일제 식민 통치 기간 내내 병합 공로자로 추도됐다.

이용구 1868~1912

경상북도 상주에서 태어났다. 1890년 동학에 입교했다. 동학농민전쟁에 참가했다. 1901년 제3대 교주 손병희를 따라 일본으로 망명했다. 1903년 손병희의 뜻에 따라 귀국해 포교 활동을 벌였다. 1904년 9월 동학교도를 규합해 진보회를 조직하고 회장을 맡았다. 그해 12월 송병준의 일진회와 통합해 13도 총회장을 맡았다. 1905년 6월부터 러일전쟁에 참전한 일본군을 위해 일진회 회원을 동원, 군수 물자를 운반했다. 그해 11월 을사조약 체결에 앞서 일본에 외교권 위임을 청원하는 '일진회 선언서'를 발표했다.

1905년 12월부터 일진회 회장으로 활동했다. 손병희가 동학을 천도교로 개칭하고 1906년 9월 그를 출교시키자 그해 11월 시천교를 창설해 교주가 됐다. 1907년 11월 자위단원호회를 조직해 전국을 순회하며 의병 진압을 목적으로 하는 자위단 조직을 독려했다. 1909년 12월에는 합방 성명서를 작성해 순종과 이완용 내각 및 통감부에 제출했다. 그리고 전국에 선언서를 배포하고 합방 청원운동을 벌였다. 강제 병합 후, 1910년 9월 일진회가 해산될 때 강제 병합에 앞장선 공로를 인정받아 일제로부터 해산비 5,000원과 은사금 10만 원을 받았다.

이재호 1916~1960

대중음악 작곡가. 경상남도 진주에서 태어났다. 본명은 이삼동이다. 일본고등음악학교 예과에 입학해 2년 동안 바이올린과 작곡을 배웠으나 경제적 문제로 학업을 중단하고 귀국했다. 1938년 콜롬비아레코드사에 채용되어 가을부터 작품을 발매했다. 대표적인 작품은 1938년 〈떠도는 인생〉, 〈망향〉, 〈항구에서 항구로〉, 1939년 〈북국 오천키로〉, 〈막간 아가씨〉, 〈마도로스 수기〉, 〈북방여로〉, 1940년 〈빛나는 수평선〉, 〈어머님 사랑〉, 〈나그네 설움〉, 〈불효자는 웁니다〉, 〈번지 없는 주막〉, 〈세세년년〉, 1941년 〈복지만리〉, 〈망향초 사랑〉, 1942년 〈사랑〉, 〈꽃마차〉, 1943년 〈서주 소식〉, 〈무명초 항구〉 등이다. 현재 확인되는 해방 이전 작품은 130여 곡 정도다. 그가 작곡한 군국 가요는 1942년 〈결전 태평양〉, 〈일억총진군〉, 〈조국의 아들〉, 1943년 〈달 있는 모항〉, 〈전선의 달〉, 〈천리전장〉 등 6곡이다. 해방 후 태평악극단을 조직해 공연했다. 6·25전쟁 이전 진주중학교 음악교사를 했다. 전쟁 후

1952년 '이재호와 그 악단'을 조직해 공연했다. 1956년 오아시스레코드사 전속 작곡가로 활동했다. 〈물방아 도는 내력〉,〈비 내리는 삼랑진〉,〈단장의 미아리고개〉,〈무정열차〉,〈울어라 기타줄〉,〈산장의 여인〉 등의 작품을 발표했다. 1996년 문화훈장 보관장이 추서됐다.

이종욱 1884~1969

종교인. 법명은 지암이다. 1896년 강원도 양양 명주사에서 출가했다. 1905년 송광사에서 이회광을 스승으로 비구계와 보살계를 받았다. 공주 동학사에서 수학했다. 1913년 9월 월정사 감무를 맡았다. 1919년 3·1혁명 때 월정사 승려 용창은과 함께 탑골공원 시위에 참가했다. 이탁 등과 함께 이완용 등 을사오적을 암살하기 위해 27결사대를 조직하기도 했다. 한성 임시정부에 강원도 대표로 참여했으며, 중국 상하이로 건너가 대한민국임시정부에 참여했다. 대동단 단장 김가진을 상하이로 망명시키고, 이어 의친왕 이강을 망명시키려다 실패했다. 1920년 임시정부의 국내 조직인 연통제를 실시하기 위해 국내에 들어와 활동했다. 그해 6월 대한청년외교단사건으로 대구지방법원에서 3년 형을 선고받았다. 1926년 조선불교 중앙교무원의 사무원, 1927년 월정사 감무로 근무했다. 1930년 7월 월정사 주지 취임 인가를 받고 1945년 8월 해방될 때까지 월정사 주지를 지냈다. 1936년 3월 우가키 조선 총독의 초대에 응한 일을 계기로 우가키 총독이 주창한 심전개발운동에 참여했다. 1937년 2월 조선총독부에서 개최한 31본산주지회의에 참석해 사회교화와 민심작흥에 협력해달라는 총독과 학무국장의 훈시를 듣고 그 대책을 논의했다. 그해 7월 조선 신궁에서 열린 국위선양 무운장구 기원제에 참여했다. 이후 조선 사찰에서도 국위선양 무운장구 기원제를 지내도록 조치했다. 1938년 국민정신총동원 조선연맹 창립총회 및 봉고제에 조선불교계를 대표하여 참석했다. 1940년 2월 월정사 청년 승려 4명을 지원병으로 보냈다. 그해 10월 국민총력조선연맹 문화부 문화위원으로 참여했다. 1941년 4월 조선불교 총본산으로 조계종 설립을 주도하고 1945년까지 조계종 종무총장을 지냈다. 조선임전보국단 상무이사를 맡았으며 각종 시국 집회에 불교계 대표로 참석했다. 1942년 불교계의 비행기 헌납을 대표했다. 그해 7월 태고사 대웅전에서 지나사변 5주년 기념 위령대법회를 열었다. 9월에는 전국 본사의 감무를 소집해 종무회의를 열고 황군 무운장구 기원제 및 전몰장병 위령제를 지냈다. 1943년 징병제 실시에 따른 감사의 뜻을 발표했다. 그해 5월 전국 사찰과 신도들이 모은 금속류를 조선군사령부에 전달했다. 1944년 9월 국민동원총진회 이사를 맡았다. 해방 후 종무총장직을 사임했다. 1945년 9월 22일 열린 전국승려대회에서 부일 혐의자로 지목되어 승권 정지 3년의 징계를 받았다. 1950년 제2대 국회의원 선거에서 국민회 소속으로 강원도 평창 지역에 출마, 당선됐다. 1951년 동국대학교 이사장에, 그해 11월 조선불교 조계종 총무원장에 다시 선출됐다. 1977년 건국훈장 독립장이 추서됐지만 2010년 취소됐다.

이종찬 1916~1983

군인. 경상남도 창원 출신으로 자작 이규원의 장남이자 을사조약 당시 법부대신을 지내고 합병 후 중추원 고문을 지낸 자작 이하영의 손자다. 1937년 일본 육군사관학교를 제49기로 졸업하고 일본군 공병 소위로 임관했다. 중일전쟁 당시 상하이에 파견되어 일선 소대장으로 참전했다. 귀족의 자제가 참전하고 있다는 이유로 관심을 받아 당시 신문에 그의 행적이 크게 선전됐다. 일본 천황의 은혜에 보답한다는 내용으로 지은 진중시가 소개되기도 했다. 참전 중이던 1938년 중위, 1940년 대위로 승진했다. 1942년에는 일본군 최고의 영예인 공5급 욱6등의 금치훈장을 받았다. 조선인 출신 일본군 장교 가운데 금치훈장을 받은 것은 이종찬이 유일하다. 태평양전쟁이 시작되자 뉴기니에 파견되었고 종전할 때까지 남태평양 일대에서 복무했다. 1945년 일본이 패전하자 현지에 억류되었다가 1946년 귀국했다. 1949년 육군 대령으로 임관해 국방부 제1국장으로 임명됐다. 1950년 수도경비사령관, 수도사단장을 역임했으며, 이듬해 소장으로 진급하면서 육군 참모총장이 됐다. 1952년 부산정치파동 당시 이승만 대통령의 파병 요구를 거부해 육군 참모총장직에서 해임됐다. 1953년부터 7년간 육군대학 총장으로 재직하다가 1960년 육군 중장으로 예편했다. 1961~1967년 주이탈리아 대사, 1970년 코리아엔지니어링 사장, 1975년 한국후지필름 회장으로 일하다 1976년부터 유신정우회(약칭 유정회) 소속 제9대, 제10대 국회의원을 지냈다.

이주일 1919~2002

군인. 함경북도 경성 출신이다. 1941년 육군군관학교(신징군관학교) 예과를 졸업하고 일본 육군사관학교에 입학해 1942년 제56기로 졸업했다. 만주국군 소위로 임관해 중국 허베이 러허성에 본부를 둔 보병 제8단 제1영 본부에서 중위로 근무했다. 팔로군과 대적하던 중 1945년 8월 소련군의 진격을 저지하라는 명령을 듣고 이동하다가 일본이 패망하자 무장 해제됐다. 1946년 귀국해 1948년 12월 육군사관학교 제7기 특별반을 졸업한 뒤 대위로 임관했다. 한국전쟁 직후인 1950년 7월에 제2군단 작전부장을 맡았고, 제12사단장, 제21사단장을 거쳐 1959년에는 제2군 사령부 참모장을 지냈다. 1961년 5·16군사쿠데타에 가담해 군사혁명위원회 위원, 국가재건최고회의 재정경제위원장과 부의장 등을 역임했다. 1963년 육군 대장으로 예편한 후 1964년부터 1971년까지 감사원장을 지냈다.

이지용 1870~1928

조선 말기 문신. 고종의 종질(5촌 조카)이다. 1904년 외부대신 서리로서 한일의정서에 조인했다. 1905년 11월 내부대신으로 을사조약을 주도해 을사오적으로 지탄받았다. 1907년 단군과 일본 천황가 시조의 위패를 봉안하고 제사를 지내기 위해 조직된 신궁봉경회의 발기인으로 참가했다. 1910년 일진회의 합병 성명서에 찬성을 표명하고 지지 여론 확산을 위해 조직된 국민동지찬성회의 고문을 맡았다. 국권피탈 과정에 적극적으로 협력해 1910년 일제로부터 백작 작위를 받았으며, 중추원 고문에 임명됐다. 1912년 1월 도박죄로 검거되어 중추원 고문에서 해임되고 귀족 예우마저 정지되었으나 1915년 9월 특사로 감형돼 백작 작위를 회복했다. 1925년 중추원 고문에 다시 임명되어

1928년 사망할 때까지 매년 3,000원의 수당을 받았다.

이진호 1867~1946
조선 말기 무관. 1882년 무과에 급제했다. 1895년 육군 정위에서 참령으로 진급해 친위대 제2대대장으로 근무 중 감금 상태에 있던 고종을 탈출시키려던 춘생문사건을 밀고해 실패하게 만들었다. 다음 해 아관파천이 성공하자 일본으로 망명했다. 1906년 사면을 받았으나 1907년 고종이 폐위되고 군대가 해산된 후에야 귀국했다. 1908년 평안남도관찰사 겸 평안남도 재판소 판사에 임명됐고, 합병 후 경상북도도장관이 되었다. 1916년 전라북도도장관으로 자리를 옮겼고, 1919년 4월에는 3·1혁명의 확산을 저지할 목적으로 전북자성회를 조직했다. 1920년 지방관제 개정으로 전북도장관에서 전북도지사로 바뀌었다. 1923년 전북도지사에서 물러나 퇴직한 후 친일 단체 동민회의 이사와 평의원을 맡았다. 1924년 조선총독부 학무국장이 되었는데, 국장급에 오른 최초의 조선인이었다. 1931년 중추원 참의에 임명되어 1940년까지 세 차례 연임하며 매년 2,500원의 수당을 받았다. 1941년 중추원 부의장이 되었고, 이후 흥아보국단, 조선임전보국단 등 각종 친일 단체에 참여했다. 1943년 국민총력조선연맹 고문, 일본제국의회 귀족원 칙선의원, 중추원 고문이 됐다.

이하영 1858~1929
대한제국 관료. 부산 출신이다. 일본인 상점에서 소사로 일하며 일본어를 배웠다. 1885년 제중원 서기로 있으면서 미국인 의사에게 영어를 배워 통역으로 궁중에 출입했다. 미국인의 추천으로 1886년 외아문 주사에 임명되면서 관직 생활을 시작한 것으로 전한다. 1904년 대한제국 외부대신으로 재임하면서 일본에 각종 이권을 넘겨주는 각서와 약정서를 체결했다. 이후 법부대신, 중추원 고문 등을 지냈다. 합병 이후인 1910년 10월 조선 총독의 자문 기구가 된 중추원의 고문에 임명되어 1929년 사망할 때까지 매년 고액의 수당을 받았다. 또한 같은 달에 조선귀족령에 따라 자작 작위를 받았고 1911년에는 은사 공채 5만 원을 받았다. 1925년 조선귀족회 이사, 1926년 친일 단체 동민회의 고문이 됐다. 1929년 사망과 함께 욱일동화대수장이 추서됐다. 2007년 친일반민족행위 진상규명위원회가 발표한 친일 반민족 행위자 195인 명단에 포함됐으며, 민족문제연구소가 발간한 《친일인명사전》에 아들 이규원과 함께 수록됐다.

이항구 1881~1945
관료. 서울 출신으로 이완용(李完用)의 차남이다. 대한제국 시기 관료로 활동했으며, 합병 이후에는 1911년 이왕직 사무관에 임명되어 1918년까지 이태왕부에서 근무했다. 1918년 이왕직 의식과장, 1921년 이왕직 찬시 겸 장시사 업무를 맡았다. 1924년 일본 황태자 결혼 관련 및 한일 관계에 대한 아버지 이완용의 공로가 인정돼 이항구가 남작에 특서되었다. 1910년 10월 일괄적인 작위 수여 이후 추가로 작위를 수여한 경우는 이항구가 유일하다. 1926년 이왕직 예식과장 겸 찬시로 장시사장을 맡았다. 1932년 《고종태황제실록》 및 《순종황제실록》 편찬위원회 부위원장으로 실록 편찬을 책임졌다. 1940년 이왕직 장관에 임명되어 1945년 사망할 때까지 재직했다. 1940년 국민총력조선연맹 참여로 선임되었고 1944년에는 고문으로 임명됐다. 1945년 3월 사망했다.

이해승 1890~?
왕족. 서울 출신이다. 1910년 10월 조선귀족령에 따라 후작 작위를 받았다. 수작 당시 21세로 수작자 중 가장 나이가 어렸다. 1925년 4월 사단법인 조선귀족회의 이사에 선출됐고, 1940년부터 1945년 8월까지는 회장으로 활동했다. 1939년 국민정신총동원 조선연맹 평의원, 조선유도연합회 참여로 선임됐고, 1940년에는 국민총력조선연맹 평의원, 1941년에는 조선임전보국단 발기인으로 활동했다. 1942년 1월 조선귀족회를 대표해 미나미 조선 총독을 방문, 일본 육군과 해군에 대한 각각 1만 원씩의 국방헌금을 전달했다. 1943년 조선귀족회 대표로 조선군 애국부에 위문대 200개를 헌납하고, 징병제가 실시되자 징병령실시감사회를 결성해 지원병기념헌금운동을 전개하는 한편, 10전헌금운동 발기인으로 참여했다. 해방 후 1949년 당연범으로 반민특위에 체포됐고 기소되어 특별검찰부로 송치되었다. 반민특위가 와해된 후 처리 결과는 확인되지 않는다.

임선준 1860~1919
조선 말기 문신. 서울 출신이다. 1907년 내부대신으로 고종의 강제 퇴위에 앞장섰으며, 정미조약 체결에 동조해 정미칠적으로 지탄받았다. 1908년 탁지부대신에 임명됐다. 합병 후인 1910년 10월 조선귀족령에 따라 자작 작위를 받았다. 또한 조선 총독의 자문 기구인 중추원의 고문에 임명되어 1919년 사망할 때까지 매년 1,600원의 수당을 받았다.

임숙재 1891~1961
교육자. 충청남도 예산 출신이다. 1913년 숙명여자고등보통학교를 졸업하고 1914년부터 1918년까지 충청남도에서 공립보통학교 교사를 지내다 일본으로 건너갔고 1921년 도쿄여자고등사범학교 가사과를 졸업했다. 귀국 후 1921년부터 숙명여자고등보통학교, 1926년부터 대구여자고등보통학교 교유를 지냈다. 1939년 숙명여자전문학교 교수로 임용되어 해방될 때까지 근무했다. 중일전쟁 이후 전쟁 협력 단체에서 활동하며 침략전쟁을 미화하고 전쟁 협력을 독려하는 강연과 기고에 활발히 참여했다. 1941년 국민총력조선연맹 부인지도위원을 맡았고, 조선임전보국단 발기인으로 참여해 그해 12월 부인대 지도위원을 맡았다. 1942년 대일본부인회 조선본부 이사, 1943년 국민총력조선연맹 연성위원 및 총무부 기획위원회 위원, 기독교 조선감리교단 부인회연합회 회장을 맡았다. 해방 후 1945년 11월 숙명여자전문학교 교장을 거쳐 1955년 숙명여자대학교가 종합대학교로 인가받자 초대 총장에 취임했다.

임학수 1911~1982
문학가. 전라남도 순천 출신으로 1931년《동아일보》에 시〈우울〉과〈여름의 일순〉을 발표하며 등단한 이후《석류》등 여러 시집을 간행했다. 1939년 친일 행위를 시작했는데, 중일전쟁 이후 사상전을 위해 동원된 이른바 '펜부대'에 적극 참여했다. 1939년 문필보국을 표방한 조선문인협회에 발기인으로 참여했고, 같은 해 최재서, 임화, 이태준이 모여 황군위문작가단을 발의할 때 참여했다. 북지전선을 방문한 경험을 토대로 황군 위문 경험이나 전쟁과 관련된 시와 글을 발표했다. 1943년에는 조선문인보국회 시부회 간사로 활동하면서 전선 위문에 참가하는 등 친일 시와 글을 발표했다. 해방 이후 좌익 계열인 조선문학가동맹에서 활동했다. 1947년 이후 월북한 것으로 알려졌으나 가족 측의 증언에 따르면 1951년 납북됐다고 한다. 북한에서 김일성종합대학 초대 영어 강좌장(교수), 외국어학장을 역임했다.

장덕수 1894~1947 1916년 와세다대학 정치경제학과를 졸업했다. 1918년 중국 상하이로 건너가 여운형과 함께 신한청년당을 조직하고 독립운동의 전파를 위해 1919년 일본을 거쳐 조선으로 들어갔다가 인천에서 체포됐다. 여운형이 일본 정부의 초청으로 일본에 갈 때 통역으로 지명되면서 석방되어 동행했다. 1920년 〈동아일보〉의 설립 발기인으로 참여해 초대 주간을 맡았고, 1921년에는 취체역(이사) 겸 부사장에 취임했다. 1923년 미국으로 유학을 떠나 컬럼비아대학 정치학과에 진학했고 1936년 박사학위를 받았다. 1938년 흥업구락부사건에 연루돼 체포되었다가 기소 유예 처분을 받고 풀려났다. 같은 해 10월 국민정신총동원 조선연맹 비상시생활개선위원회 제1부 위원에 선임됐고, 이 무렵부터 각종 친일 단체에 참여하며 강연과 기고에 나서면서 적극적인 친일 활동을 벌였다. 1939년 친일 잡지사인 동양지광사 이사, 국민정신총동원 조선연맹 참사 겸 기관지 《총동원》 편찬위원, 시국대응전선사상보국연맹 상임간사로 활동했다. 1940년 국민총력조선연맹 참사 겸 후생위원회 위원, 1941년 조선임전보국단 발기인 및 이사 등으로 활동했다. 해방 후 〈동아일보〉의 복간과 함께 취체역을 맡았고, 한국민주당에서 외무부장과 정치부장을 지냈다. 1947년 자신의 집에서 피살됐다.

장석주 1848~1921 조선 말기 문관. 원래 이름은 장박이었으나 나중에 장석주로 개명했다. 1883년 박문국 사사에 임명되어 〈한성순보〉 발간에 참여했다. 1895년 법부대신에 임명됐으나 을미사변 주범으로 체포령이 떨어지자 일본으로 망명했고, 이후 지속적인 친일의 길을 걸었다. 1910년 10월 조선귀족령에 따라 남작 작위를 받았다. 1912년 조선 총독의 자문 기구인 중추원의 고문에 임명되어 1921년 그만둘 때까지 매년 1,600원의 수당을 받았다. 3·1혁명 당시 총독에게 무력 진압을 권유하는 '조선독립소요의 사정과 원인'을 발표했다.

장세정 1921~2003 가수. 평양 출신으로 평양 화신백화점에서 근무하다가 오케레코드사를 운영하던 이철의 눈에 띄어 가수로 발탁됐다. 1937년 〈연락선은 떠난다〉로 공식 데뷔했고 이후 1943년까지 약 100여 곡을 발표했다. 1941년 〈지원병의 어머니〉, 1942년 〈그대와 나〉, 1943년 〈단심옥심〉, 〈아가씨 위문〉, 〈지원병의 집〉 등 일제의 침략 전쟁을 미화하는 군국 가요를 발표했다. 그 외 1940년 '반도 애국호 자금 모집 공연과 북지황군 위문'을 위해 베이징, 톈진, 지난, 쉬저우 등지에서 순회공연을 벌였다. 1942년에는 만주 건국 10주년 기념 만주개척촌위문연예단의 단원으로 만주에 파견되어 순회공연을 했다.

장우성 1912~2005

화가. 충청북도 충주 출신이다. 1930년 김은호의 문하생으로 그림을 배웠다. 1932년 조선미술전람회 동양화부에 입선한 이래 입선을 거듭했다. 1941년부터 1944년까지 조선미술전람회 동양화부에 4회 연속 특선함으로써 선전 추천작가에 올랐다. 침략 전쟁을 부추기는 군국주의 미술 전람회인 결전미술전 일본화부에 〈항마〉를 응모하여 입선했다. 여기서 마(魔)는 귀축미영(鬼畜米英), 즉 연합군을 가리킨다. 해방 후 1946년부터 1961년까지 서울대학교 예술학부 미술부 교수로 재직했다. 인물화에 뛰어나 충무공 이순신 등 다수의 영정을 제작했다.

정광조 1883~1951

종교인. 충청북도 음성 출신으로 손병희의 사위다. 1891년 동학에 입교했으며, 동학교단의 유학생으로 1904년 일본에 건너가 도쿄 세이소쿠중학교와 제일고등학교를 거쳐 1910년 와세다대학 전문부 정경과를 졸업했다. 1934년 친일 단체 시중회의 발기인으로 참가했고, 1937년 중일전쟁 이후 천도교 교단 내 주요 간부이자 최고 책임자로서 천도교 공문과 각종 기고·강연 등을 통해 천도교단과 교인의 전시 체제 협력을 주도하고 일제의 침략 전쟁과 황민화 정책을 지원했다. 1939년 국민정신총동원 천도교연맹 이사, 1940년 국민총력조선연맹 천도교연맹 평의원, 1941년 조선임전보국단 발기인으로 참여했다. 1942년 천도교 교령으로 선출됐는데, 이해 천도교단은 애국헌금 8만여 원을 모아 육군에 비행기 1대, 해군에 1만 원, 방공협회에 1만 원을 헌납했다. 또한 1943년 8월에는 천도교 대표로 직접 국민총력조선연맹 사무국을 방문해 징병제 실시 감사헌금 500원을 전달했다. 3·1혁명에 참여한 공적으로 1960년 건국훈장 애국장이 추서되었으나 친일 행적 논란으로 1996년 서훈이 취소됐다.

정비석 1911~1991

소설가. 평안북도 용천 출신이며 본명은 정서죽이다. 1929년 신의주중학교 재학 중 '신의주고등보통학교생도사건'으로 검거되어 치안유지법 위반과 제령 위반 불경죄로 징역 10월, 집행 유예 5년을 선고받았다. 이후 도쿄 니혼대학에 입학, 1932년 중퇴하고 귀국했다. 귀국 후 1935년 1월 〈매일신보〉에 콩트 〈여자〉를 발표하면서 등단했다. 1940년 〈매일신보〉 기자로 입사했고 조선문사부대 자격으로 조선문인협회가 주최하는 육군지원병훈련소의 1일 입소 행사에 참가하여 육군지원병제와 훈련소 입소를 미화하는 소감문 '반도민초(半島民草)에 일시동인(一視同仁)'을 《삼천리》에 발표했다. 이때를 전후로 본격적인 친일 활동을 펼쳐 다수의 친일 소설과 산문을 남겼다. 1943년 친일

문인 단체인 조선문인보국회 소설희곡부회 간사를 맡았다. 광복 후 소설가로 활동하며 《자유부인》, 《명기열전》, 《소설 손자병법》, 《소설 초한지》 등과 수필집 《비석(飛石)과 금강산의 대화》, 그 외 《소설 작법》 등을 썼다.

정인과 1888~?

종교인. 평안남도 순천 출신이다. 1913년 미국으로 건너가 신학을 공부했다. 흥사단에 입단해 활동하다가 1919년 안창호의 수행원으로 상하이에 가서 임시정부에 참여했다. 이후 임시정부의 내분이 격화되고 독립의 전망이 불투명해지자 1920년 외무차장직과 임시의정원 의원직을 사임하고 다시 미국으로 건너가 신학과 정치사회학을 공부한 후 1924년 귀국했다. 1925년 조선주일학교연합회 협동총부(부총무)를 맡았고 수양동우회 회원으로 활동했다. 1937년 동우회사건으로 구속되었고, 1940년 징역 2년, 집행 유예 3년을 선고받았다. 동우회사건 이후 변절하여 1939년 국민정신총동원 조선예수교장로회연맹 상무이사 겸 총간사, 1940년 국민총력 조선예수교장로회총회연맹 총간사, 1941년 국민총력조선연맹 문화부 문화위원을 맡았다. 같은 해 장로회 중앙상치위원회에서 전시 체제 실천 성명서 발표에 참여했고, 조선장로교신도 애국기헌납기성회 발기위원장과 회장을 맡았다. 1942년 4월 기독교신문협회 회장 겸 이사를 맡아 기독교계 언론을 통폐합한 〈기독교신문〉을 발행했다. 1949년 2월 반민특위에 체포되어 특별재판부의 재판을 받았으나, 건강 때문에 보석됐다.

정일권 1917~1994

군인. 러시아 연해주 니콜리스크(현 우수리스크)에서 태어났다. 본적은 함경북도 경원이다. 1937년 만주국 펑톈군관학교를 졸업하고 일본 육군사관학교에 들어가 1940년 졸업했다. 만주군 소위로 임관한 후 만주군 헌병 장교로 시베리아 철도 폭파를 위해 만든 특수부대 돌격대에서 훈련을 받은 뒤 독립헌병대에 배치되어 랴오허 방면으로 출동했다. 1941년 신징에 있는 만주군 총사령부 고급부관실에서 근무하며 헌병 중위로 진급했다. 1942년 모교인 광명중학교를 방문해 후배들에게 만주국 군관으로 입대할 것을 권유했다. 만주군 헌병 상위(대위)로 진급한 후 간도헌병대 대장으로 근무했다. 1944년 만주국 고급장교 양성 기관인 고등군사학교에 제2기생 합격자 25명 중 유일한 조선인으로 입교했다. 졸업을 앞두고 패망을 맞이했다. 소련군에 붙잡혀 시베리아 유형이 결정됐으나 소만 국경으로 이동 중 탈출해 귀국했다. 1945년 12월 군사영어학교에 들어가 1946년 1월 1기생으로 졸업하고 정위(대위)로 임관했다. 1950년 육군 참모총장 겸 3군 총사령관이 됐으나 국민방위군사건, 거창민간인학살사건 등으로 사임했다. 이후 육군 참모총장과 합동참모본부 의장 등을 지낸 후 1956년 육군 대장으로 예편했다. 이후 터키 주재 대사, 프랑스 주재 대사, 미국 주재 대사 등으로 일했다. 5·16군사쿠데타가 일어나자 박정희의 지시를 받아 미국 조야의 군사 정부에 대한 지지를 이끌어냈다. 1963년 귀국하여 박정희 정권의 외무부 장관에 임명됐고, 1964년 5월 국무총리로 임명되어 1970년까지 재임했다. 총리 사임 후 공화당 전국구 의원으로 국회의원이 됐고, 1972년 유신 헌법이 통과될 때 민주공화당 의장을 맡았다. 1973년부터 1979년까지 국회의장을 맡았으며, 1980년 신군부 집권 이후 제5공화국의 국정자문위원과 자유수호구국총연합회 회장을 지냈고, 제6공화국 시절 자유총연맹 초대 총재를 지냈다.

정춘수 1873~1953

종교인. 충북 청주 출생. 1919년 3·1혁명 때 민족대표 33인으로 참여해 징역 1년 6월을 선고받아 복역하고 1921년 만기 출옥했다. 이후 목회자로 활동하다가 1927년 신간회 간사로 선출됐다. 1938년 흥업구락부사건으로 구속됐다가 전향해 친일로 돌아섰다. 1940년 국민정신총동원 기독교 조선감리회연맹 이사장, 1941년 국민총력조선연맹 문화부 문화위원, 조선임전보국단 평의원 등으로 활동하면서 적극적인 부일 협력과 전횡을 저질렀다. 이는 감리교단 내부에서도 반발을 불러와 1942년 총회에서 불신임안이 결의됐으나 일본 경찰의 지원을 받아 총회를 해산하고 반발을 억눌렀다. 1944년 교단 상임위원회에서 교회를 통폐합하고 나머지를 팔아 전투기를 헌납하는 계획을 통과시키고 실천했다. 같은 해 12월 조선전시종교보국회에 이사로 참여했고, 1945년 개신교를 통합해 조직한 일본기독교 조선교단의 고문을 맡았다. 해방 후 감리교에서 감리교 지도자들의 친일 행각을 폭로하는 성명이 발표됨으로써 활동에 제한을 받았다. 1949년 초 반민특위에 체포됐으나 기소 유예로 풀려났다. 1949년 10월 명동성당의 노기남 주교를 찾아가 천주교로 개종했다.

조명암 1913~1993

작사가, 극작가, 시인. 충청남도 아산에서 태어났으며 본명은 조영출이다. 건봉사에서 출가해 승려가 됐다. 1935년 서울 보성고등보통학교를 졸업했고, 일본으로 건너가 1941년 와세다대학 불문과를 졸업했다. 1934년 〈동아일보〉 신춘문예에 시 〈동방의 태양을 쏘라〉가 당선되어 등단했다. 이와 함께 유행가 부문에 〈서울노래〉가 가작으로 뽑혀 음반으로 발매됐다. 1945년까지 70여 편의 시를 발표했으나 시보다는 대중가요 작사가로 더 많은 주목을 받았다. 1941년부터 일제의 침략 전쟁을 미화하는 〈아들의 혈서〉, 〈지원병의 어머니〉, 〈이천오백만 감격〉 등 군국 가요를 다수 발표했다. 1944년 3월 조선악극단이 공연한 '대동아 음악극'에서 '미영 격멸' 의식의 고취를 목적으로 〈노예선〉, 〈아편의 항구〉의 대본을 쓰고 연출을 담당했다. 같은 해 9월 부민관에서 조선연극문화협회 주최로 열린 공연 〈성난 아시아〉의 각본을 유치진 등과 함께 썼고, 1945년 2월에는 조선연극문화협회가 주최한 제3회 연극경연대회에 일제의 침략 전쟁을 미화하는 〈현해탄〉을 출품했다. 해방 후 조선연극건설본부 극작부 집행위원, 조선연극동맹 부위원장으로 활동했다. 1948년 월북하여 북한 문화선전성 창작위원으로 활동했고, 이후 국립민족예술극장 총장, 교육문화성 부상 등 북한 예술계 고위직을 역임했다. 1988년 피바다식 혁명가극 대본 〈춘향전〉을 창작했다.

조민희 1859~1931

조선 말기 문신. 1885년 과거에 급제해 요직을 두루 거쳤다. 1901년 특명전권공사가 되어 프랑스, 미국 주재 특명전권공사를 거쳐 1903년 일본 주재 특명전권공사가 됐다. 1905년 을사조약으로 외교권이 상실되어 공사관이 폐쇄되자 귀국했다. 합병 직후인 1910년 10월 일제로부터 자작의 작위를 받았고, 이듬해 5만 원의 은사 공채를 받았다. 1919년 11월 조선총독부 중추원 고문에 임명되어 1921년까지 매년 1,600원의 수당을 받았다. 1921년 중추원 참의에 임명되어 1924년까지 매년 3,000원의 수당을 받았다. 도박과 낭비로 파산해 1928년 귀족에 대한 예우가 정지됐다.

조병상 1891~1978 서울 출신으로 선린상업학교를 졸업했다. 1924년 남대문상업학교 교무주임으로 일하면서 동민회 이사 겸 평의원, 갑자구락부 위원, 국민협회 총무 등 각종 친일 단체의 간부로 활동했다. 1926년부터 경성부 부협의회원, 1931년부터 부회의원을 지냈다. 1935년 한양택시주식회사 사장, 경기도자동차협회 부회장을 지냈다. 1938년 국민정신총동원 조선연맹 상무이사, 1939년 육군특별지원병 경성부후원회 이사, 배영동지회 이사로 활동했다. 같은 해 장남 조태환을 육군특별지원병으로 입소시켰다. 같은 해 중추원 참의에 임명되어 해방 때까지 재임했다. 1940년 국민총력조선연맹 이사, 1941년 조선임전보국단 발기인 및 상무이사, 1945년 대의당 발기인 및 위원으로 활동했다. 1949년 반민특위에 체포되어 징역 7년 형이 구형됐으나 반민특위 활동이 위축되면서 징역 1년 6월 형에 처해졌다.

조중응 1860~1919 조선 말기 문신. 1895년 김홍집 내각에서 외부 교섭국장, 법부 형사국장으로 일하다 아관파천으로 김홍집 내각이 붕괴하자 일본으로 망명했다. 1906년 특별 사면되어 귀국했다. 1907년 이완용 내각의 법부대신이 되어 홍주의병 의병장 민종식 등 의병과 오적암살단에게 중형을 내릴 것을 상주했다. 고종의 강제 퇴위에 앞장서는 한편 정미조약 체결에 참여해 정미칠적으로 지탄받았다. 국권피탈에 앞장선 대가로 1910년 일제로부터 자작 작위를 받았으며, 중추원 고문에 임명됐다.

조택원 1907~1976 무용가. 함경남도 함흥 출신이다. 1927년 일본 근대무용의 선구자 이시이 바쿠의 공연을 관람한 후 무용가가 될 것을 결심했다. 같은 해 11월 일본으로 건너가 도쿄의 이시이 바쿠 무용연구소에서 5년간 현대무용을 배웠다. 1929년 도쿄에서 열린 이시이 바쿠 무용연구소 발표회에서 독무 〈어떤 움직임의 매혹〉을 공연했다. 1932년 귀국해 중앙보육학교에서 교편 생활을 하다가 이시이 바쿠 무용연구소 조선지부를 열었다. 1934년 경성 공회당에서 제1회 조택원 무용 발표회를 개최했다. 1935년 무용연구소를 조택원 무용연구소로 개칭하고 경성 공회당에서 제2회 발표회를 가졌다. 1937년 프랑스를 중심으로 유럽에서 80여 차례 공연했고, 1938년에는 일본과 조선에서 순회공연을 펼쳤다. 1941년 국민총력조선연맹에서 주최한 공연 〈부여회상곡〉의 안무와 연출을 맡았고 조선연극협회가 개최한 이동 극단 제1반 강습회에서 무용 강사로 활동하며 내선일체 선전과 애국 사상 함양에 협조했다. 1942년부터 황군 위문 및 방공대원, 산업 전사 및 유가족 위안을 위한 공연을 했다. 해방 후 조선무용예술협회 위원장, 한국무용협회 고문 및 이사장 등을 지냈다.

주요한 1900~1979 시인, 언론인. 평양 출신이다. 1919년 도쿄 제일고등학교를 졸업했다. 같은 해 문예동인지 《창조》의 동인으로 참가했고 산문시 〈불놀이〉를 발표하며 등단했다. 1919년 5월 중국 상하이로 가서 신문 〈우리 소식〉의 편집을 담당했고, 대한민국임시정부 기관지 《독립》의 편집을 맡았다. 1920년 흥사단에 입단했다. 1926년 〈동아일보〉 기자로 입사해 학예부장, 평양지국장, 편집국장 등으로 일했다. 1932년 〈조선일보〉로 옮겨 편집국장과 전무취체역으로 일하다 1933년 〈동아일보〉로 돌아가 잡지부장을 지냈다. 1934년 주식회사 화신에 입사해 조사선전부장으로 일하다 1937년 취체역으로 승진해 해방 때까지 직을 유지했다. 1937년 수양동우회사건으로 체포되었고, 1938년 전향을 선언하고 조선 신궁을 참배했다. 조선문인협회 간사로 활동하면서 각종 친일 단체에 가입하고 많은 강연과 기고를 통해 일체의 침략 전쟁을 옹호하고 식민 통치에 적극 협력했다. 해방 후 반민특위에 체포됐다가 풀려났다. 1957년 민주당에 입당한 뒤 1958년 제4대 민의원에 당선됐고, 1960년 장면 내각에서 부흥부·상공부 장관을 역임했다.

채만식 1902~1950 소설가. 전라북도 옥구 출신이다. 1922년 중앙고등보통학교를 졸업하고 와세다대학 부속 제일고등학원 문과에 입학했다가 중퇴했다. 1924년 《조선문단》에 단편소설 〈세 길로〉를 발표하며 등단했다. 1925년부터 다음 해까지 〈동아일보〉 기자 및 학예부장으로 근무했고, 1930년부터 1933년까지는 대중 잡지 《별건곤》, 《혜성》, 《제일선》의 기자, 1934년부터 1936년까지는 〈조선일보〉 기자로 일했다. 1939년 《채만식 단편집》, 《탁류》, 1940년 《태평천하》를 발간했다. 1941년부터 조선문인협회가 주최한 각종 친일 행사에 참여하는 한편, 일제의 침략 전쟁을 미화하고 선전하는 강연과 글을 발표했다. 1942년 간도성 일대의 조선인 개척촌을 시찰하고 조선인의 황국신민화 노력을 칭송하는 글을 발표했다. 1943년에는 조선문인보국회 소설희곡부회 평의원을 맡았다. 1944년에는 미영 격멸 국민총궐기대회의 일환으로 보도특별정신대 대원으로서 황해도에 파견되어 강연했다. 같은 해 국민총력조선연맹 문화부에서 주최한 생산지 증산 위문 파견 행사의 일환으로 평안북도 용천군에 있는 동양경금속공장에 파견되었다. 해방 후 조선문학가동맹의 소설분과위원장을 맡았으나 곧 그만두었다. 1948년 10월부터 다음 해 1월까지 《백민》에 〈민족의 죄인〉을 발표해 과거 자신의 친일 행위를 반성했다.

최남선 1890~1957 문인, 언론인, 사학자. 서울에서 태어났다. 1904년 대한제국 황실 특파 유학생으로 선발되어 1904년 도쿄부립제일중학교, 와세다대학 고등사범부 역사지리과에 다니다 중퇴했다. 1906년 귀국해 출판사 신문관을 설립했다. 1908년에는 잡지 《소년》을 창간했고, 1910년 안창호가 설립한 청년학우회의 평사원 겸 변론과장을 지냈다. 같은 해 조선광문회를 설립했다. 1919년 3·1혁명 때는 독립선언서를 작성해 2년 8개월간 복역한 뒤 1921년 출옥했다. 1922년 주간지 《동명》을 창간해 9월부터 다음 해 6월까지 간행했다. 1923년 일간지 〈시대일보〉를 인가받고 1924년 창간해 사장 겸 주간으로 활동했다. 1928년 조선사편수회 촉탁을 거쳐 12월부터 조선사편수회 위원으로 활동했다. 1935년 무렵부터 한국과 일본의 '문화동원론'을 주장하면서 일본 신도의 보급에 관여했다. 1936년 6월부터 1938년 3월까지 조선총독부 중추원 참의를 지내며 매년 1,200원의 수당을 받았다. 1938년 3월 〈만몽일보〉 고문, 10월 〈만선일보〉 편집고문을 맡아 1941년까지 재직했다. 1938년 4월 만주 건국대학 교수로 부임해 1943년 2월까지 만몽 문화를 강의했다. 1940년 항일 무장투쟁에 대한 관동군의 토벌 작전과 선무공작을 지원하기 위해 결성된 동남지구특별공작후원회의 고문직을 맡았다. 1941년 흥아보국단 준비위원, 조선임전보국단 발기인, 1944년 국민동원총진회 참여 등 각종 친일 단체에 참여했다. 이와 함께 일제의 침략 전쟁을 미화하고 선전하는 각종 행사에 참여해 강연하고 기고했다. 해방 후 1949년 2월 반민특위에 체포돼 서대문 형무소에 수감됐으나 곧 보석으로 풀려났다.

최린 1878~1958

종교인. 함경도 함흥 출신이다. 1904년 황실 특파 유학생으로 일본에 유학했다. 도쿄부립제일중학교를 거쳐 메이지대학 법과에 입학해 1909년 졸업했다. 1910년 손병희를 찾아가 천도교에 입교했다. 1911년 보성중학교 교장에 취임했다. 1919년 3·1혁명 시기에는 민족대표 33인 중 한 명으로서 3·1 독립선언에 참여해 옥고를 치르고 1921년 12월 출소했다. 1923년부터 조선민립대학 기성회 중앙부 집행위원으로 활동하며 점차 활동 영역을 사회문화 전반으로 넓혔다. 1927년 6월부터 1928년 4월까지 구미 21개 국가를 시찰하고 돌아온 후, 1929년 교단 최고직인 도령에 올랐다. 1934년 조선총독부 자문 기구인 중추원 참의에 임명되어 1938년까지 매년 1,800원의 수당을 받았다. 1936년 조선인징병제요망운동 발기인으로 참여해 조선에서의 징병제 실시를 주장했다. 1937년 천도교중앙종리원 상임현법사를 지내면서 시국 강연과 집필 활동을 통해 천도교인의 전쟁 협력을 독려했다. 1938년 매일신보사 취체역 사장으로 취임해 1941년까지 일제의 침략 전쟁과 신민 통치 정책을 선전하는 데 앞장섰다. 1938년 국민정신총동원 조선연맹 발기인·이사·상무이사, 1939년 조선유도연합회 이사·상임이사, 배영동지회 상담역, 1940년 국민총력조선연맹 이사·총무부 기획위원회 의원, 1941년 조선임전보국단 단장, 1944년 국민동원총진회 고문 등 각종 친일 단체에서 간부로 활동하며 각종 친일 강연과 기고를 했다. 1941년에는 다시 중추원 참의에 임명되어 해방될 때까지 매년 2,400원의 수당을 받았다. 해방 이후 1949년 반민특위에 체포되어 세 차례 공판을 받았고, 같은 해 4월 보석으로 풀려났다. 6·25전쟁 때 납북되어 1958년 사망한 것으로 전해진다.

최명하 1918~1942

군인. 경상북도 선산 출신이다. 1939년 일본 육군사관학교를 제52기로 졸업했다. 조선인 최초로 항공병 소위로 임관해 소련과 만주국 국경 경비 임무를 수행했다. 1940년 남중국 방면 제

3비행집단에 배속되어 참전했다. 1941년 여름에 항공병 중위로 진급했다. 같은 해 12월 연합국 전투기 십수 대를 격추해 비행 제64전대 본부 편대장으로서 베트남 프놈펜 기지에 주둔했다. 말레이전투와 페낭전투 등에 참전했으며, 1942년 인도네시아 수마트라 공습작전에 참전해 팔렘방 비행장을 폭격하던 중 부상을 당해 불시착했다. 원주민의 간호를 받다 네덜란드군의 포위를 받자 권총으로 자살했다. 1943년 일본 정부로부터 육군 대위로 추증되고 욱일장을 받았으며 야스쿠니 신사에 합사됐다. 일제는 이후 조선에서 징병제를 홍보하고 침략 전쟁을 미화하는 수단으로 최명하의 죽음을 선전했다.

최석현 1893~1956

경상북도 봉화 출신이다. 1915년 6월부터 영주헌병분대 헌병보조원으로 근무했으며 1919년 8월 경찰로 전직해 영주경찰서 순사로 근무했다. 1919년 독립운동자금 모집 활동을 하던 정응봉과 박만병을 체포했다. 1924년 12월 도경부 및 도경부보 시험에 합격했고, 1925년 3월 순사부장, 같은 해 10월 경부보로 승진해 대구경찰서 고등경찰과에서 근무했다. 1926년 제2차 유림단사건의 관계자들을 체포해 심문했고, 1927년에는 상하이에서 붙잡혀 온 독립운동가 김창숙을 취조했다. 1929년 경부로 승진해 상주경찰서 고등경찰과에서 근무했다. 같은 해 2월 대구조선은행 폭탄투척사건 관련자인 장진홍, 김명숙 등을 오사카에서 체포해 국내로 압송했다. 1940년 경시로 승진해 강원도 경찰부에서 고등경찰과장으로 근무했다. 1945년 6월 강원도 영월군수에 임명되어 해방 때까지 근무했고, 해방 후 1949년 반민특위 경상북도 조사부가 체포령을 내리자 잠적했다. 미체포로 기소 중지됐다.

최승희 1911~1969

무용가. 강원도 홍천 출신으로 영화 제작자인 최승일의 동생이다. 1926년 숙명여자고등보통학교를 졸업한 후 이시이 바쿠 문하에 들어가 현대무용을 사사했다. 1929년 경성에 최승희무용연구소를 설립하고 1930년 제1회 창작무용 발표회를 열었다. 이후 조선과 일본에서 큰 인기를 얻었다. 1937년부터 1940년까지 미국, 남미, 유럽 등 세계 각지에서 무용 공연을 펼쳐 절찬을 받았다. 1941년 오사카에서 협화회원의 노고를 위로하는 무용회를 개최했고, 같은 해 도쿄에서 내선일체와 지원병 선전을 위해 제작한 영화 〈그대와 나〉 시사회의 축하 공연으로 〈화랑의 춤〉을 공연했다. 1942년 조선군사보급협회에서 주최한 무용 공연에 참여하고 발생한 수익금 전부를 기부했다. 이 공연에서 일본의 형식을 차용한 일본풍 무용으로 〈무혼〉, 〈신전의 춤〉, 〈추심〉, 〈칠석춤 형식〉 등을 발표했다. 이 중 〈무혼〉은 국민총력조선연맹 문화부 문화표창 작품으로 선정됐다. 무용 공연과 함께 1937년부터 1944년까지 국방헌금, 황군 위문금, 독일 상이군인 위문금, 조선문인협회 기부금, 군사후원연맹 후원금, 조선군 및 해군 위문금, 조선군사보급협회 사업기금, 문화장려비 등의 명목으로 7만 5천 원이 넘는 금액을 헌납했다. 해방 직전 중국에서 위문 공연을 하다 바로 귀국하지 못하고 1946년에야 귀국했다. 같은 해 7월 남편 안막, 큰오빠 최승일과 함께 월북했다. 1951년 공훈배우 칭호를 받았고, 1961년 조선무용가동맹 중앙위원회 위원장이 되어 활동하다 1967년 숙청된 것으로 전해진다.

최창학 1891~1959 평안북도 구성군 출신이다. 1912년 사립 진명학교를 졸업했다. 1923년 의주군의 삼성금광을 경영하기 시작해 광구 100여 곳을 보유하게 되면서 조선의 '금광왕'으로 불렸다. 1929년 삼성금광을 일본의 미쓰이광산주식회사에 150만 원의 거금을 받고 매각했다. 1934년 대창산업주식회사 사장, 다사도철도주식회사 취체역 등으로 활동하면서 조선군사령부 등 일제의 주요 통치 기관에 각종 명목으로 기부했다. 1937년 평안북도 관선 도회의원에 선출됐다. 같은 해 4만 원 상당의 애국기 한 대를 조선군사령부 애국부에 헌납했다. 1938년 자신 소유의 광산을 니혼광업주식회사에 650만 원에 팔아 일명 천만장자로 성장했다. 1939년 경성부육군병지원자후원회 이사, 국민정신총동원 조선연맹 평의원, 배영동지회 평의원, 조선유도연합회 이사에 선임됐고, 1940년에는 국민총력조선연맹 평의원이 되었다. 1941년 중일전쟁 4주년 기념일을 맞아 조선군사령부에 군용기 6대 제작비 40만 원, 국체명징과 일본 정신 선양을 위한 특수 기관 사업기금 40만 원, 경성 서대문 관내 공공사업비 5만 원, 조선사법보호협회 설립기금으로 30만 원을 기부했다. 같은 해 조선임전보국단 발기인 및 이사가 됐다. 해방 이후 1949년 반민특위에서 불구속으로 조사를 받았다.

한상룡 1880~1947 경제인. 후작 이완용과 남작 이윤용이 외숙이다. 1898년 미국 유학에 나섰다가 실패하고 일본으로 건너가 1899년 세이조학교 보통과 3학년에 편입했다가 다음해 중퇴했다. 1903년 공립한성은행의 우총무, 1905년 취체역 겸 총무장이 됐다. 1908년 동양척식주식회사 설립위원, 이사 겸 조사부장으로 선임됐다. 1910년 한성은행 전무취체역에 선임되어 조선 귀족들의 은사 공채를 이용한 증자를 실현해 한성은행을 최대 민간 은행으로 성장시켰다. 이후 조선을 대표하는 경제인으로 각종 은행과 회사의 설립과 운영에 관여하고 대정친목회, 경성상업회의소 등 경제인 단체에서 주요 간부로 활동했다. 1914년 경성부 부협의회원, 1920년 경기도 관선 도평의회원에 임명되어 1941년까지 연임했고, 1927년 조선총독부 중추원 참의로 임명돼 1941년까지 네 차례 연임했다. 1937년 경기도군사후원연맹 부회장을 시작으로 국민총력조선연맹 등 각종 친일 단체에서 간부로 활동하면서 수차례에 걸쳐 연설과 기고를 하는 등 일제의 침략 전쟁을 옹호하고 일제의 식민 통치에 적극 협조했다. 해방 후 별다른 행적 없이 1947년 10월 사망했다.

현상윤 1893~? 교육가. 평북 정주 출생. 1913년 보성중학교를 졸업하고 일본으로 건너가 1918년 와세다대학을 졸업했다. 귀국 후 중앙고등보통학교 교사로 재직하다가 3·1혁명 관련자 48인으로 피검됐으나 1920년 무죄 판결을 받았다. 1921년 중앙고등보통학교 교장으로 취임하는 등 교육계에서 활발히 활동하며 1922년 조선민립대학 기성 준비회의 조직에 참여했다. 폐결핵으로 수년간 요양한 후 1929년 재단법인 중앙학원 이사가 되면서 교육계에 복귀했고 1932년 중앙고등보통학교 교장으로 재취임했다. 중일전쟁 발발 이후 국민정신총동원 조선연맹 참사, 조선유도연합회 평의원, 국민총력조선연맹 참사, 조선임전보국단 발기인 등 각종 친일 단체에 참여해 일제의 침략 전쟁을 옹호하고 일제의 식민 통치에 협력하는 다수의 강연과 글을 발표했다. 해방 이후 보성전문학교가 고려대학으로 인가되면서 초대 총장으로 취임했다. 6·25전쟁 중 납북됐다.

현제명 1903~1960

음악가. 대구 출신이다. 1924년 평양 숭실학교 대학부를 졸업했다. 1926년 미국으로 건너가 건(Gunn)음악학교에서 공부하고 다음 해 귀국해 연희전문학교의 음악 전임 강사로 일했다. 1932년 《현제명작곡집》 제1집을 발간했다. 1936년 미국 시카고음악연구원에서 〈자연발성법의 원리와 그 결과〉라는 논문으로 음악박사학위를 취득한 것으로 전해진다. 1937년 귀국해 친일 문예 단체인 조선문예회에 가입해 위원으로 활동했다. 수익금을 국방헌금으로 헌납하기로 한 음악보국대 연주회에 참가하여 〈전지로(戰地へ)〉를 독창했다. 같은 해 6월 동우회사건으로 검거됐다가 1938년 6월 대동민우회에 가입하면서 전향 성명서를 발표했다. 같은 해 조선총독부의 요청에 따라 '음악을 통해 내선일체를 굳게 하자'는 취지로 경성음악협회를 결성할 때 발기인 및 간사로 참여했다. 1941년 조선임전보국단 발기인, 1944년 경성후생실내악단 이사장 등 친일 단체에서 활동하면서 일제의 침략 전쟁을 옹호하는 다수의 작품을 발표하고 공연했다. 해방 후에는 1946년 경성음악학교 교장으로 취임했다가 해당 학교가 서울대학교 음악학부로 편입되면서 초대 음악부장을 맡았다. 1953년에는 한국음악가협회를 창립하고 초대 이사장을 맡았다. 1965년 문화훈장이 추서됐다.

홍사익 1887~1946

군인. 경기도 안성 출신이다. 1908년 대한제국 육군무관학교에 입학했다. 1909년 일제가 무관학교를 폐지하자 일본으로 건너가 일본 육군중앙유년학교 예과 3학년에 편입해 1912년 졸업했다. 같은 해 일본 육군사관학교에 입학해 1914년 제26기로 졸업하고 일본군 육군 소위로 임관했다. 1920년 일본 육군의 최고급 엘리트 양성 코스인 육군대학에 입학해 제35기로 수학했다. 1933년 관동군사령부에 배속되어 만주국군 고문으로 파견됐다. 1937년 중지나파견군사령부에 배속되어 중국전선에 파견됐다. 1940년 유수제1사단 사령부를 거쳐 1941년 육군 소장으로 진급했고 제108여단 여단장으로 부임해 팔로군을 상대로 전투를 치렀다. 이곳에는 조선의용대 화북지대가 팔로군을 도와 전투를 하던 곳이었다. 1942년 조선에서의 징병제 실시는 천황 폐하를 위해 보국할 기회라고 역설하는 글을 기고했다. 1944년 필리핀 포로수용소 소장으로 부임해 약 10개월간 연합군 포로를 감시했다. 같은 해 육군 중장으로 진급하고 필리핀에 주둔하고 있던 남방총군 제14방면군 병참감에 보임됐다. 일본 패망 이후 연합군에 체포되어 연합군 포로 학대 및 살해 죄목으로 B급 전범으로 기소됐고 1946년 9월 사형이 집행됐다.

홍순봉 1898~?

경찰, 만주국 관리. 평안남도 대동 출신이다. 1919년 순사 시험에 합격해 평양경찰서 위생계 순사가 됐다. 1922년 순사부장, 1924년 경부보로 승진해 고등경찰과에서 근무했다. 이후 용강, 신의주, 초산경찰서에서 근무했다. 1931년 만주사변 당시 항일운동 세력을 진압하는 한편 군수품 수송과 관련한 편의 제공, 군방헌금 및 애국기 헌납 자금 모집 등의 업무를 수행한 공로로 만주국 건국공로장, 만주사변종군기장, 훈8등 서보장을 받았다. 1935년 퇴직 후 만주국 빈장성공서 경무청 속관에 임명됐다. 1937년 만주국 간도성 경무청 사무관으로 승진해 특고고장(特高股長: 과장 밑의 직책) 겸 보안고장을 맡았다. 1939년 간도성 경무청 경정으로 근무하면서 항일운동 탄압을 목적으로 조직된 간도의용자위단 결성식에 참여했다. 1941년 만주국 협화회 간도성 본부가 주도해 만들어진 흥아청년구락부에 참여했다. 같은 해 쓰핑성 경무청 이사관에 임명되어 보안과장으로 근무했다. 1943년 만주국 중앙고등경찰학교 교관 겸 연구원으로 자리를 옮겼다가 1945년 7월 만주국 국무원 총무청 홍보처 참사관에 임명됐다. 해방 후 귀국해 경무부 교육국 교양과장, 국장서리, 공안국 공안과장 등을 지냈다. 1948년 제주도 제9관구 경찰국장에 임명되어 4·3항쟁 진압작전을 지휘했다. 1949년 군으로 자리를 옮겨 육군 헌병 소령으로 임관했다. 1952년 육군 헌병 대령으로 예편했다. 1952년 3월 이사관으로 승진하여 내무부 치안국장으로 근무하다 5월 퇴직했다.

홍준표 1873~?

1896년 일본으로 건너갔다. 1919년 일본어 보급을 위한 제국내선어학원 설립운동을 벌이고, 3·1혁명이 일어나자 〈매일신보〉에 조선인 학생들에게 보내는 경고문을 실었다. 1926년 일본 제국의 팽창주의를 주창하는 나가사키 아시아민족대회에 박춘금, 이기동 등과 함께 조선 대표로 참가했다. 1935년 독립운동을 배격하고 대일본주의를 주창하는 동아연맹총본부를 결성하고 상임이사 겸 간사장에 취임했다.

황신덕 1898~1983

교육자. 평안남도 평양 출신이다. 1915년 평양 숭의여학교를 졸업하고 1918년 일본으로 건너가 1920년 치요다고등여학교, 와세다대학 철학과를 거쳐 1926년 니혼여자대학 사회사업과를 졸업했다. 유학 중이던 1920년 조선여자학흥회의 회계, 1925년 여성 사상 단체인 삼월회의 위원으로 활동했다. 1926년 귀국하여 〈시대일보〉, 〈중외일보〉, 〈동아일보〉에서 기자로 일했다. 1927년 근우회 조직에 참여해 집행위원 등으로 활동했다. 1940년 경성가정여숙(경성중앙여학교 전신)을 설립해 숙장(교장)을 맡았다. 1941년 조선임전보국단 발기인 및 평의원, 부인대 지도위원, 1943년 국민총력조선연맹 후생위원, 1944년 국민동원총진회 중앙지도위원 등으로 활동하며 일제의 침략 전쟁과 식민 통치를 옹호하는 다수의 강연과 글을 발표했다. 해방 후 1946년 독립촉성애국부인회 정치부장을 지내면서 과도입법의원 관선의원에 선임됐다. 1961년 추계학원의 이사장이 됐다.

황종률 1909~1972

만주국 관료. 서울에서 태어났다. 1929년 남대문 상업학교, 1935년 일본 규슈대학 법문학부, 1936년 만주국 고위 간부 양성 기관인 대동학원을 제1부 제5기로 졸업했다. 1939년 펑톈세무감독서 사무관, 경제부 사무관으로 근무했다. 1940년 만주국 협화회 본부 및 수도계림분회의 지도 아래 조선인의 청년운동 조직인 선계자흥회가 조직되자 연락 간사로 활동했다. 같은 해 신징에서 동남지구특별공작후원회가 결성되자 간사로 선임되어 선전 활동과 모금 독려운동을 전개했고, 본인도 성금을 냈다. 1941년 수도계림분회에서 청년부장, 조직부장으로 활동했다. 1945년 만주국 경제부 참사관에서 국무원 총무청 참사관으로 옮겨 총무청 관방에서 근무했으며 대동학원연구소 연구원을 겸했다. 해방 후 귀국해서 연희대학, 동국대학 교수를 지냈다. 1960년 충북도지사, 5·16군사쿠데타 후 재무부 장관, 무임소장관, 체신부 장관 등을 역임했다. 1966년 공화당에 입당했고 1971년 민주공화당 소속 제8대 전국구 국회의원이 됐다.

황철 1912~1961

배우. 충청남도 청양 출신이다. 1931년 극단 조선연극사에 입단하면서 전문 배우로 활약하기 시작했다. 1936년 임선규 각본의 〈사랑에 속고 돈에 울고〉로 이름을 알린 후 〈춘향전〉, 〈단종애사〉, 〈유정무정〉 등에서 주연 배우로 활약했다. 1939년 청춘좌를 탈퇴하고 극단 아랑을 조직했다. 이후 아랑은 극단 고협과 함께 당대 최고의 극단이 됐고, 황철은 아랑을 대표하는 간판 배우가 되었다. 1942년부터 1945년까지 친일 단체인 조선연극문화협회가 주최한 세 차례의 연극 경연대회에서 일제의 침략 전쟁과 식민 통치를 미화하는 작품으로 매회 연기상을 받았다. 1943년에는 국책 영화사인 조선영화제작주식회사가 만든 〈젊은 모습〉에 출연했다. 해방 이후 남조선노동당에 가입했고 1948년 월북했다. 6·25전쟁 당시 비행기 폭격으로 한쪽 팔을 잃었다. 1955년 인민배우 칭호를 받았고, 최고인민회의 대의원, 국립연극극장 총장, 교육문화성 부상, 조국평화통일위원회 중앙위원 등 요직을 거쳤다.

숫자로 보는 《친일인명사전》

평생 친일문제 연구에 헌신한 임종국 선생이 1989년 타계한 후,
그 유지를 이은 후학들이 1991년 반민족문제연구소(1995년 민족문제연구소로 개칭)를 열었다.
1999년 '제2의 반민특위, 《친일인명사전》을 만들자'는 운동을 시작했다.
시민들의 적극적인 응원과 지원에 힘입어 2005년 8월 29일 국치일에 사전 수록 예정자
1차 명단을 발표하고, 2008년 4월 29일 2차 명단을 발표했다.
여러 단계의 검증 절차와 심의를 거친 끝에, 2009년 11월 8일 최종적으로
4,389명의 친일부일협력자가 수록된 《친일인명사전》을 발간했다.

3,000여 종
문헌자료 수집 분석

《(일본내각)관보》·《조선총독부관보》·《직원록》 등
관찬사료 23종 200여 권
〈매일신보〉·〈경성일보〉·〈만선일보〉·〈조선일보〉·
〈동아일보〉 등 신문자료 40여 종
《삼천리》·《조광》 등 친일잡지와 기관지 80여 종
《조선 신사록》·《조선인사록》 등 명감류(名鑑類) 140여 종
각 도·시·군지 등 지지류(志誌類) 160여 종
각종 연감·사전류 60여 종
공훈·서훈·상훈 관계자료 40여 종
일기·회고록·평전류 1,500여 종

20개 분야
전문분과회의 심의
50여 차에 걸친
친일인명사전
편찬상임위원회 회의

250만 건
인물 정보 데이터베이스
25,000건
친일부일협력자
모집단 추출

97건 127명에 대한
이의신청 중 **112명** 기각,
13명 보류, **2명** 인용

2008년 5월 1일부터 2달 간
이의신청 접수,
편찬위원회·상임위원회 심의

80여 명
연구자가 문헌사료
수집 분석 작업 참여

180여 명
집필위원 참여

4,389명
친일부일협력자 수록

사학계를 중심으로
각 분야의 교수·학자 등
전문 연구자
150여 명
편찬위원 참여

10,000여 명
교수 지지 선언
30,000여 명
시민과
민족문제연구소
후원 회원들 참여

친일파 열전

박시백 글·그림
민족문제연구소 기획

초판 1쇄 발행일 2021년 8월 9일
초판 7쇄 발행일 2023년 4월 21일

발행인 | 한상준
편집 | 김민정·강탁준·손지원·최정휴
디자인 | 김경희
마케팅 | 이상민·주영상
관리 | 양은진

발행처 | 비아북(ViaBook Publisher)
출판등록 | 제313-2007-218호(2007년 11월 2일)
주소 | 서울시 마포구 월드컵북로 6길 97(연남동 567-40)
전화 | 02-334-6123 전자우편 | crm@viabook.kr 홈페이지 | viabook.kr

ⓒ 박시백, 2021
ISBN 979-11-91019-44-5 03910

✚ 민족문제연구소 편집진
　권시용 | 이명숙 | 이순우 | 조한성

✚ 역사교사 편집진
　차경호(경혜여자중학교) | 김정현(김해고등학교) | 김종민(온양중학교)
　남동현(충남기계공업고등학교) | 문인식(충남기계공업고등학교) | 박건형(대전만년고등학교)
　박래훈(순천별량중학교) | 오진욱(상당고등학교) | 정윤택(서라벌고등학교)

- 이 책은 저작권법에 따라 보호받는 저작물이므로 무단 전재와 복제를 금합니다.
- 이 책의 전부 혹은 일부를 이용하려면 저작권자와 비아북의 동의를 받아야 합니다.
- 잘못된 책은 구입처에서 바꿔드립니다.
- 본문에 사용된 종이는 한국건설생활환경시험연구원에서 인증받은, 인체에 해가 되지 않는 무형광 종이입니다. 동일 두께 대비 가벼워 편안한 독서 환경을 제공합니다.